地方議会からの政策実現
——教育分野

佐藤 利信

展転社

はしがき

議員はそれぞれ得意な分野を持っている人が多い。教員免許を持っていたり、不動産業を営んでいたり、スポーツや文化などに精通していたり、介護や子育てなどの経験が豊富だったり。

しかし私は、基本的に議員はゼネラリストであるべきだと考えている。対する行政は長く同じ部署で仕事をしている職員もいる中で、制度の変更や改廃は望んでいない。それを議員から提案して改善するには、トータル的な視野で検討し、提案する必要があるからだ。行政を説得して改善するためには、議員側も相当な知識や市民の声をバックボーンとして持っていないと難しい。

もちろん、専門分野に特化した議員がいても良いと思うが、あまり論点が専門的過ぎると、総合的な視野が狭くなり、逆に行政側に逃げ道を作ってしまうこともある。また、職員としては正しいと思ってやってきたことが否定されプライドが傷つけられることになるので、問題点を一点だけに集中されるよりも、一般化してトータルとして課題があるという論法の方が受け入れやすいのではないかと考えられる。

例を挙げると、例えば公民館を建て替えたいという要望があったとき。

10か所あるうち、Aという公民館を優先的に着手したい場合、例えば環境問題が得意な議員が環境の課題だけでAを優先すべきだと言っても根拠が弱い。災害対策、地域コミュニティ機能、建物としての機能（外壁、設備、トイレ、バリアフリーなど）、自治体内の公民館の配置場所、子どもへの配慮、高齢者への配慮、そして環境と、あらゆる角度から総合的に精査して要望した方が良い。一般論として、公民館の建て替えは必要だというコンセンサスを取り、その後、総合的に見てAが最優先だという主張をする方が理解を得られる。

自治体職員の立場になって考えると、何か一点だけ課題があるからその事業は問題だ、その施設は問題だと言われても、別の論点から「やらない理由」を引っ張ってくることが容易になる。トータルで見てこの部分は改善した方がいいよね、という方が反論しづらい。

また逆に、そんな自治体職員に寄り添って考えることも必要だ。本当は担当部署としては取り組みたいが財政部門が予算をつけてくれないという場合や、他の部署と連携して取り組みたいがそちらの部署のメリットが小さい場合など、議会からの要望が後押しになる。

このあたりを見極めて、課題追及型で質問をするのか、行政と一致した問題意識を持って質問するのかを考えると、より現実的になる。

本書では、私のこれまでの議会での取り組みのほんの一部を紹介させていただく。取り上げた課題の背景や経緯などを述べるとともに、実際の議事録を掲載する。議事録は基本的に、全文ではなく関連する答弁部分だけを抜き出している。指示語や言い回しについては、読みやすいように多少修正を加えるが、できるだけ臨場感を残すように原文のまま（口語の部分は口語のまま）で記載した。興味が沸いた課題について実際の全文をご覧になりたい場合は、板橋区議会の議事録のウェブサイトをご覧いただければと思う。議会の議事録は基本的に永久保存となっているので閲覧できる。

私自身は、得意かどうかは分からないが、多く取り組んできた分野としては、行政改革、教育、子育て、都市開発・建築あたりの分野になるだろう。父の介護もあるので福祉分野や、青年会議所にも所属していたので産業振興分野など、もちろん全方位的に取り組んでいたが、質問時間や委員会の人数も限られているので、ある程度は特色が出てしまうものである。

ちょうど自身の子どもたちが区立の学校に通っているので、今回はその中から教育分野で取り上げた課題の一端をまとめてみた。これから地方議員を目指す皆さんや、行政に対して要望をしたいという市民の皆さんが、行政に対してどのように働きかけをするべきか参考になればと思う。もちろん私のやり方が成功する秘訣になるか、正攻法かどうかは読んでいただく皆さんの判断にゆだねる。まどろっこしいと感じるか、短絡的と感じるか、人それぞれだと思うが、良いと思ったところは取り入れて、悪いと思ったところは排除するだけでも、交渉に有益になるのではないかと考えている。

目次

はしがき　1
第一章　議会における政策提言の方法　5
第二章　自治体における教育委員会の位置づけ　19
第三章　学校選択制と適正配置　27
第四章　施設整備　59
第五章　学校の職場環境の改善　95
第六章　児童・生徒への指導　123
第七章　追及型の質問をした例（議事録）　177
あとがき　206

第一章

議会における政策提言の方法

議員が政策を実現するためには、いくつかのルートがある。

ちょっとした頼まれごとを確認したり、お願いしたりする場合には、まずは担当課長に話を繋げる。区として解決できる制度があればそれに乗せればいい。無い場合は他の部署や都や国の制度で救済できないか調べてもらう。条件やコンプライアンスの確認なども行う。

それでも適応する制度が無い場合は、政策として制度を作らなければならない。予算がかからないもので、誰もが納得できる政策ならば、担当部署と調整して制度として実現するのは比較的容易であるが、こういったものは稀である。ほとんどの場合、コンプライアンスや倫理的にはぜひ実現したくても、費用がかかるので予算に計上してもらわなければならない。

この予算を編成する権限があるのは首長であり、議会は予算案に対して修正の動議を出すか否決することしかできない。つまり、いかにして首長の予算案に計上してもらうのかということが、事実上の「政策を実現する」ということになる。

予算案に計上させるために最もオーソドックスな方法は議会で質問することだ。政策を提案し、その正当性を表現する。そして行政からの答弁を受ける。この議論の中で他の議員や行政官が必要な政策だと納得すれば、首長の作成する予算案に乗ることが現実的となる。議会での質問では、課題の明示と、解決策の提案と、共感を得るという作業が必要だということである。

議会の質問も含めて、政策を実現するためにはいくつかの方法があるので、以下に見ていきたい。

質問とは

議会での質問と言っても、いくつか種類がある。大きく分けると、本会議での質問と、委員会での質問になる。

ここで本会議と委員会について、簡単に説明しておく。

本会議とは、全議員で構成される会議体で、最終的な議決をする場である。他には首長の所信表明が行われたり、各委員会からの報告などがなされる。もちろん議論も行われるが、具体的な質疑は委員会で現場を理解している職員から答弁してもらう方が効率的であるため、本会議はどうしても比較的形式的な質疑となる。

委員会とは、一部の議員で構成され、管理職級の職員が出席し説明や答弁を行う。多くの場合、常任委員会、特別委員会、議会運営委員会がある。

常任委員会では、所管の部署ごとに設置され、事務に関する審査が行われる。主に条例案の審議、請願と陳情の審議、主要な報告事項の説明などが行われる。

特別委員会では、議会の議決により付議された事件に関する審査が行われる。一番分かりやすいのは、予算委員会と決算委員会だろう。その他にも、時限的な課題や、集中して審議すべき課題があれば設置され、議論が行われる。

議会運営委員会では、議会の運営に関する事項の決定が行われる。例えば、本会議の進行次第や発言者などについてや、委員会の日程などが確認される。また、議会の制度や運営に関する請願と陳情についても議会運営委員会で審議される。板橋区議会では幹事長会から諮問事項として挙げられた内容についての審議も行われている。

さてそれでは、それぞれで行われる質問について説明していきたい。

本会議では、代表質問と一般質問に分かれていることが一般的だ。しかし各自治体の議会慣行によって意味合いややり方は若干異なっている。板橋区議会においては、代表質問は第一回定例会で、区長が予算案を提示して所信表明を行い、それに対して会派代表が質問を行っている。ほとんどの場合が、会派の幹事長が質問に立つが、これは決まりではない。

一般質問は、年間に4回ある定例会の冒頭で、各会派が行う。質問者は各会派で事情に応じて決めている。どちらも、会派の人数によって持ち時間が決まるので、多人数の会派では持ち時間も多くなる。代表質問は原則1名で行うが、一般質問は持ち時間を2~3人で分担することが多い。

本会議での質問に対しては、答弁者は区長が原則だ。しかし独立した行政委員会に対してはそれぞれのトップが行うことになっている。教育に関する質問には教育委員会のトップである教育長、選挙に関することならば選挙管理委員会事務局長、監査に関することならば監査委員会事務局長などが答弁する。つまり、トップが答弁するということは「あの時はヤルと答弁したけれど、上司からＮＧが出たのでやっぱりできません」ということが無い。最終決定としての答えを提示することになる。

そういう意味では本会議の答弁は非常に重みがある。しかし逆に、重みがあるからこそ抽象的な答弁になりやすく「検討します」「研究します」と、かわされてしまうことも多い。

また、板橋区議会においては、一括して質問をして一括して答弁をする方式になっているため、一問一答形式と違って白熱しづらい。形式的な運営になってしまうことも欠点と言える。

一方、委員会での質問においては、原則的に一問一答形式でやり取りが行われるため、リアルタイムに進行する。国会の予算委員会を思い浮かべていただければ分かりやすい。

委員会にはいくつか種類がある。ここでは板橋区議会の例で説明する。自治体の規模で委員会の数や運営などはかなり違ってくるので注意願いたい。

常任委員会は、現状で５つの常任委員会があり、区の行政の全ての部署をいずれかの常任委員会が管轄している。

特別委員会は、原則２年ごとに設置・改廃が行われる。その時々に議論をすべき内容を４つピックアップして特別委員会を設置し、提言をまとめている。例えば、鉄道の立体化について、災害対策について、長寿社会と健康施策についてなど、各会派からの要望の中から調整して、議決をもって設置する。

そしてその中でも、予算審査特別委員会と決算調査特別委員会は若干特殊である。予算は第一回定例会に、決算は第三回定例会に設置される。それぞれ、予算・決算の内容を調査して議論する。予算決算の委員会では、常任委員会単位で行う「分科会」と、全議員で構成して議論する「総括質問」が行われる。分科会では、その所管する部署の範囲内で、各議員が質問・答弁合わせて20分の質問を2回以上行う。このやり方は他の自治体ではあまり見られない珍しい方式ではないかと思う。

総括質問は3日間、会派の人数によって時間が配分され、たくさん時間がある会派は2～3人が持ち時間内で質問を行う。

予算決算の総括質問は原則として部長級が、その他の常任委員会や分科会は原則として課長級が答弁を行う。部課長級が答弁することで、本会議よりも具体的な細かい内容まで質疑し聞き出すことができることが大きなメリットである。更に一問一答なので、答弁を聞いてからより深掘りした質問で追及を行うことができるのも委員会の特徴である。専門性の高い議員や、その課題について住民から詳しい情報を得ている議員が、「論客」として行政に詰め寄ることができるので、盛り上がることも多々ある。形式的な本会議に対して、議員の腕の見せ所となるのが予算決算や常任委員会の質問と言える。

ただし、他の自治体の議会では、一般質問を一問一答形式で行うところもあるし、代表質問と一般質問の違いをより明確にしているところもある。また、予算決算の質問についても様々なやり方がある。それぞれの議会で、議員の議論の場や発言の場を作るやり方が検討され、工夫され、行政側と調整していることだろう。

討論

議会では予算案、条例案、請願・陳情など、様々なことを決定しなければいけない。そのためスムーズに進行するシステムとして、具体的な議論は委員会で、最終的な決定は本会議でというのが議会運営の基本となっている。議案（予算案、条例案など）や請願・陳情はそれぞれの委員会に付託されて、説明や質疑が行われ、評決が行われる。その評決を本会議に委員会報告として上程して、改めて委員会決定に対しての評決を行うというのが通常のルートとなる。

つまり議会では、議案や請願・陳情に対して、賛成・反対の態度を表明しなければならない場面が委員会と本会議とで2回ある。この評決の時には、ただ手を挙げるだけでなく、基本的には態度表明の理由など意見を言う機会が与えられる。

板橋区議会の場合で説明すると、まずは委員会において賛否を表明する際に、意見を述べてから賛否を述べることができる。これを意見開陳と呼んでいる。賛否の意見が出そろったところで（全会一致の時は片方の意見だけになるが）、評決のために賛否の挙手を行う。ここで委員会としての決定がなされることになる。

この委員会決定を、今度は本会議にはかる。本会議においては原則として議論は行わない。なぜなら委員会で議論を尽くして評決を行い委員会決定としているので、二重の議論によって進行を妨げないようにするためである。

しかし例えば、ある議員が委員会では反対を主張したが賛成多数で可決の委員会決定となった場合、その議員としては納得できる委員会決定とはいえない。本会議においても反対を主張して他の議員の最終決定である本会議評決に一石を投じて、委員会決定を覆そうと考えるのが普通だろう。

また例えば、会派の人数が少なくて全ての委員会に議員を配置できないこともある。この場合、委員会において意見を述べることができない。本会議では原則として議論は行わないとなると、意見無しで挙手による賛否の表明だけになってしまう。

このように議案や請願・陳情の委員会決定に反対する場合や、どうしても意見を表明する場を必要とする場合、事前に申し出て本会議において討論を行うことができることになっている。反対討論が行われる場合には、逆に委員会決定の正当性を主張するために賛成討論を行うこともできる、という仕組みになっている。

この本会議での討論というのが、実は各議員や各会派のアイデンティティを示すのに重要な役割を持っている。他の議員や行政に対し、思いを乗せた主張を意見として述べて、議案や請願・陳情への理解を求める最後の機会となる。

そしてもう一つ大事な討論がある。それは、予算案・決算案に対する討論である。予算案・決算案に対しての討論は、行政の全ての部門に対して意見を言える機会であるといえる。表向きの討論の意義は、他の議員や会派に自分たちの意見の正当性を主張して、評決態度を一緒にするよう説得するということになっている。しかし実際には、個別の施策に対して意見を言うことが多く、行政に対して重点的に取り組んで欲しい課題や早期に取り組むべき課題などを提示し、実施に向けて働きかけるきっかけとなっている。

板橋区議会では会派ごとに討論を行うので、原則として会派の代表1名が登壇し発言する。持ち時間制ではなく、常識的な範囲でまとめることにしている。だいたい10～20分くらいの討論が標準だ。予算案・決算案の評決にあたって会派としての態度を表明すると同時に、単に数字の額が多い少ない、割合が高い低いということだけでなく、予算の執行にあたっての要望を述べていくことになる。教育の分野ではここに重点を置いてい欲しい、建設土木分野ではこういう要望がある、福祉や保健分野ではこんな課題解決を求めている、ということを主張する大事な場面である。

事前に内容を通告することも無いので、行政としては突然に問題提起をされることにもなるが、あくまでも討論であるので、答弁の必要は無い。しかし政策提言の場として有効であると考えられる。議員側としては、討論で要望や問題提起をしておいて、その後の委員会や本会議で質疑を行って実現に進めていくというのが現実的なルートになるだろう。

予算要望

討論で政策の要望をすることもあるが、より直接的に予算を要望する手段として、予算要望書を提出するということがある。

予算要望書は、議会内の決まったルールがあるわけでは無い。一般的には、会派として次期の予算にはこんな政策の予算を計上して欲しいという要望書を、年に1回、区長に対して提出する。通常は予算編成の時期である夏の終わりから秋くらいにかけての時期に提出することが多い。例外として、例えば大災害の後などにすぐに補正予算で措置すべき時などは、緊急予算要望を行うこともある。

形式も決まっておらず、私が所属していた民主党系会派では、役所の部ごとに要望を記載し、毎年100項目以上はあった。その中でも重点要望は別紙にピックアップするなど工夫して、自分たちの予算要望の意図を伝えるようにしていた。

またこうした予算要望は、各会派に限って実施しているものではない。公的に定められたものではないので、例えば、町会連合会や商店街連合会のような地域団体や、各種業界団体、組合、個人などが自由に提出している。当然、法的な拘束力はない。あくまでも区長に対して予算の使途を要望するだけなので、言ってみれば目安箱である。

ただ例えば、議会のA会派とB会派、それからC地域団体とD業界団体などから同じような要望がいくつも行われたらどうだろう。受け取った区長は、区民の声と認識して予算案に組み入れることを考えるかもしれない。ある議員が各種団体が予算要望で記載してあることを議会で取り上げて優先して実施すべきだと迫ったら、単なる思い付きではなく区民の要望と感じるかもしれない。一編の予算要望書だけでは力は弱くても、他の会派や区民との要望が一致することで区を動かす力になる可能性を秘めている。そういう意味で、予算要望書の提出ということも政策実現に向けた行動の一つと考えている。

請願と陳情

憲法16条には「請願権」が記載されている。一言で言うと、国や地方自治体に対して要望を述べる権利である。「何人も」となっているので、老若男女、国籍、自然人・法人を問わず有する権利と言える。

板橋区では議会に対して「請願」をすることができる。その提出には紹介議員が必要となっているのが特徴である。紹介議員は複数でも良い。当然内容に賛同する者が紹介議員となるので、議会での議論の過程において確実に賛同者がいるということは請願者にとっても心強い。請願は主に委員会で議論されるが、民間人である請願者は通常は議会で発言できないため、代わりに紹介議員が考えや思いを伝えてくれるのだ。議員としては、住民の声を政策として提言する機会と言えるだろう。

議会に要望を提出するもう一つの方法として「陳情」というものがある。こちらも主に委員会で議論されて採決を取るという点では、請願とほとんど同じ扱いになっている。しかし大きな違いは、紹介議員が不要であるということだ。住民や各種団体が自由に提出できる。気軽に思いついたことを提出することが可能なので、実際には陳情の方が圧倒的に多い。その分、どの議員が賛成してくれるのか、反対するのかということは、議論をしてみないと分からない。全会一致で採択されることもあれば、全会一致で不採択ということもある。

またそもそも、提出はされたが委員会に付託されず議論すら行われないこともある。私怨や罵詈雑言のような陳情を全て委員会で議論する義務は無い。板橋区議会は比較的審査が緩く、提出された陳情のほとんどが付託されるが、民間対民間の争議は全て付託除外するという議会も多い。

こうした多くの陳情の中から、議員が自身の課題として取り組むことも出てくる。陳情者に直接連絡を取り、ヒアリングをして、請願と同じように採択に向けて賛成の論陣を張って議論を導くのである。実際に議会で採択され、行政が政策として実施することも多々ある。

住民から議会に対しては、請願・陳情として要望を提出する方法があるが、行政に対してはどうだろうか。これにもいくつか方法はある。

一番、大上段に構えた正規ルートは、直接請求がある。例えば、条例の改廃などを請求するために有権者の1／50の署名を集めるとか、首長・議員の解職を求めるのに有権者の1／3の署名を集めるとか、制度としては存在するが、かなりハードルが高い。こういった事情から、この制度はほとんど使用されていないのでここでは端折らせていただく。また、住民監査請求という制度もあるが、政策実現という観点からは逸れるので（税金を正しく使っているか追及するという意味合いが強い）、これもここでは省略させていただく。

板橋区において一番一般的な手法は、「区長への手紙」である。区長に対して要望書を提出する制度である。提出される要望は、個人的なものから公的なものまで様々だ。多くの自治体で同様の制度が導入されていると思う。板橋区の特徴は、広聴広報課で集約して、区長が直接見て、その課題を担当する所管部署が区長に対して状況を説明し、区長名で所管部署が詳しい返答を行っている。所管だけで留まることなく、区長にも一読されるということだ。

もう一つは、普及してきた「ふるさと納税」である。実際に「ふるさと納税」をしたことがある人なら分かると思うが、寄付したお金をどの分野に使って欲しいか要望できる場合が多い。住民税で納めたお金の使途は首長と議会が決めることになるが、「ふるさと納税」は使途を限定できるという意味では政策選択の手段としても考えられる。

議会には請願・陳情、区に対しては区長への手紙やふるさと納税など、住民から意見・要望を受ける制度は整っており、どれも比較的ハードルは低くなっているので、ぜひ活用して欲しいと思う。

しかし提出すれば願意が叶うというわけでは無い。先述の通り、議会では条例や制度を変えることを賛成多数で通さなければいけない。自治体としては首長が提出する予算案に計上されなければならない。こうした住民の声を実現していくのが自治体議員の仕事である。

第二章　自治体における教育委員会の位置づけ

私は4期16年間の議員生活の中で、ざっと数えるだけでも、代表質問6回、一般質問23回、予算決算の総括質問15回、予算決算に対する討論9回、その他、予算決算の分科会、常任委員会、特別委員会等々、かなり発言の場面をいただいて広範囲の課題に取り組んできた。

その中でも数多く取り組んできたのは、大きく分けると、教育課題と行政改革である。子育て施策、建設・開発や土木・公園、産業振興、文化振興など本当に幅広く政策提言してきたが、やはり多かったのは教育と行革だ。

全て記していくと膨大な量になるので、本書では「教育課題」の取り組みについて絞り、その中でも特に象徴的だった取り組みや成果の上がったものなどを抽出して、政策実現に向けた質問を解説していきたい。

教育委員会と事務局

まずは、自治体における「教育委員会」について説明しなければならない。

教育委員会には、広義の教育委員会と、狭義の教育委員会があることはご存じだろうか。広義の教育委員会とは、自治体内の教育委員会事務局を指す。役所内の教育に関する事務をつかさどる部署であり、板橋区では1つの「部」としての単位になっている。原則として首長から独立しており、これは政治的な中立性を確保することが主な理由である。つまり、選挙で選ばれる首長が代わるたびに教育制度が変更されてしまうと継続性や安定性が保たれなくなってしまうと同時に、新たな首長の政治的な思想信条によって教育内容まで変容してしまうと事務局や現場だけでなく子どもたちへの影響が非常に大きくなってしまうからである。そういった一極集中のリスクを避けるため、教育に関する専門性と、地域性を見極めた運営ができるように、教育事務の事務局が設置されて運営することになっている。

一方、狭義の教育委員会とは、任命された教育委員で構成される教育委員会という行政委員会を指す。合議体であり、原則として多数決で物事を諮らない。見識の高い教育委員の意見を集約し、教育委員会事務局の運営の方向性を導き出す。そのための会議体である。

教育委員は、議会の同意を得て首長が任命する。板橋区では5名の教育委員がおり、そのうち1名が教育長として教育委員会を取り仕切るとともに教育委員会事務局のトップとして事務の責任者も務める。（以前は、教育委員会委員長と、教育長は別に設置されていたが、2015年に統合され、教育委員会委員長が廃止された。）

名称が同じだったり似ていたりしてややこしい組織になっているが、教育長が広義においても狭義においても、教育委員会のトップであるということをご理解いただきたいと思う。では、首長との関係はどうなっているだろうか。教育長は首長から任命されるが、正確には首長の部下ではない。独立した行政委員会のトップである。だからこそ政治的中立を維持し、教育行政の安定をもたらすことができると先にも述べた。

しかし、いくつも課題はある。まずは人事について。自治体の教育委員会事務局の職員は、ほとんどが自治体に採用された一般の事務職だ。いつ首長の部局へ異動になってもおかしくない。むしろその方が自然だ。教員免許を持っている教育の専門家である職員（教育指導主事など）は数人しかおらず、そのほとんどが都道府県から派遣されてきている。専門性の高い独自施策を打ち出したくても、なかなかそんな余裕はない。板橋区では学校現場の対応のため、非常勤の教員（学習指導講師）を多く送り出しているが、杉並区のような都費をあてにしない独自フルタイム勤務の教員の採用までには至っていない。ましてや裏方である事務局に教員資格者を増やして政策立案能力を高めるというところには到底至らない。ただ、学校からの相談や保護者対応などのために、定年で引退した校長ＯＢを非常勤職員として教育支援センターなどに配置しており、学校現場や教育委員会事務局の負担軽減と住民サービス向上に役立てている。

また、教育委員会の最も大きな課題は、予算編成権が無いことである。予算案を議会に提出できるのは首長だけである。つまり教育委員会が予算を使って施策を実施したくても、首長が予算案に組み込んでくれないと実施ができない。自治体の財政部門に対して予算要望を行って、初めて施策として実現に向かっていくのだ。これが教育委員会の独立性を害している大きな要因と言われている。本来であれば包括的な予算としてざっくりと総額で予算計上し、詳細は教育委員会に決めさせることが理想かもしれない。しかしどの自治体も予算に余裕はなく、首長部局の予算と教育行政の予算を調整しながら編成しているため、なかなか独自性を出せないというのが実情である。

自治体における教育委員会の課題

予算編成権が無いので独自の施策をやりたくても自治体全体の調整の中に入れられてしまうという課題を挙げた。しかし予算の出どころは基礎自治体だけではない。都道府県との兼ね合いというのがまた非常に難しい。

例えば、区立の小中学校について。この小中学校の設置義務は誰にあるかというと、基礎自治体が義務を負っている。校舎の建て替えや、設備の更新などの費用は、原則、基礎自治体が負担するということである。（もちろん補助金などの支援が受けられる場合がある。）

しかし、教育機関で一番経常的にかかる費用といえば人件費となるが、この人件費については、実は都道府県が負っている。そもそも政令市を除く区市町村立の学校の教員は、都道府県の採用である。皆さんの周りでも、地元の学校の先生が他の自治体に転勤になるということがよくあっただろう。

都道府県の採用であるということは、人事権は当然、都道府県の教育委員会がもっている。例えば区立の学校で不祥事を起こしても、懲戒等の処分を下すのは都道府県だ。（しかし記者会見で謝罪するのは基礎自治体の教育長や、教育委員会事務局の管理職だったりする。）

人事異動についても、この教員は残して欲しいと要望はできても、決定するのは都道府県である。つまり、教職員で特徴を出して独自性の高い教育を行おうとしても、非常に難しいのが現状だ。評判の高い教員は各基礎自治体から要望が出て取り合いになる。また逆に、教職員によっては現場の自治体ではなく都道府県の教育委員会の顔色を窺っている場合もある。

更に、学校運営となるとより複雑だ。

学校の責任者は無論、校長である。この校長は先述の通り都道府県からの指示で来ることになる。しかし、基礎自治体が所有し管理する学校の校長になることで、基礎自治体の教育委員会の指揮下に入る。同じ都道府県内であっても、基礎自治体の教育委員会はそれぞれ歴史や風土が違い、それに従わなければならない。校長・副校長は土日関係なく毎週末のように、学校か地域の行事に参加しているのが現状だ。

このように区立市立等の校長・副校長は、本来業務である学校運営（子ども、保護者、教員）の対応だけでなく、都道府県、基礎自治体、地域といったあらゆる方向に目を配り調整しなければならない。管理職になりたいという人材が激減しているのも当たり前だ。

こうした管理職の負担軽減や、地域連携について、校長が代わっても継続的に取り組めるよう、学校支援地域本部など様々な制度を創設してきた。コミュニティスクール構想なども地域連携によって街ぐるみで学校を支えようという取り組みだ。ＰＴＡのＯＢなど、学校の状況と地域の状況を知っているボランティアを広く募って、展開を進めている。形骸化と、ボランティアの権力が肥大し過ぎないように注目しながら、今後の運営に期待をしたいところである。

教育を取り巻く環境は、政治的な中立を保つという崇高な理念のもと組織が作られているが、結局は首長にお金を握られており、人事権は都道府県に委ねられ、現場対応は様々なしがらみの中で校長・副校長といった管理職が身を粉にして調整しているということである。

このような課題についても、私は議会で取り上げて改善提案をしてきたので、次の章以降で具体的に説明していく。

第三章　学校選択制と適正配置

学校選択制で、各学校が切磋琢磨する時代へ

平成16年度から、板橋区では「学校選択制」が導入された。

これまでは学校の学区域があり、自身が住む学区域の学校に入学するという一般的なスタイルであった。それが、区内の学校であれば、その学区域に関係なく入学する学校を選べるようなったのである。平成26年度からは若干ルールが変わり「入学予定校変更希望制」となり、区内全域ではなく学区域の隣接校だけから選択できるというように改正された。

目的としては、各学校が切磋琢磨して魅力を上げて、ある意味では競争させようという試みである。しかし、区立の学校において競争をして、事実上格差をつけることについての是非が議論になった。また、少子化が進む中で学校の統廃合が進んでいた。学校選択制によって将来廃校の恐れがある学校が敬遠され、統廃合がより一層推進されることについての是非も議論となっていった。

私は当選した平成15年からこの問題について度々議会で取り上げてきた。特色ある学校づくりが進められ、総合学習の時間の有効利用や地域との連携など、前向きな取り組みを行う学校が増えるのではないかと期待していたからである。

また、学校間に競争原理が働くことで、教員やPTAの意識向上、教育内容の質の向上、更には愛校心や子どもと教員との信頼関係の強化が図られるということも考えられていた。

しかし、学校案内の冊子を見たところ、学校間の差がほとんど見られなかった。どの学校

の紹介も画一的で表面的な内容であり、学校の様子や現状がどんなものなのか感じられなかった。情報の公開という面では、完全に私立校から立ちおくれていた。またホームページについても、作っただけで、ほとんど更新されていないという学校が多くあり、内容についても、新入生を持つ保護者が学校選択する基準となるような中身とは到底思えないものであった。当時、これからIT教育を進めていこうという中で、ホームページを作成する教員のITスキル向上も含め、もっとしっかりしたホームページづくりを進め、学校情報の積極的な開示をする必要があった。

そこで、平成15年の第四回定例会の一般質問において、ホームページを見ることができない家庭でもきちんと学校選択ができるよう、学校案内の冊子については学校の現状がわかるように内容と情報量を充実するよう、改善を求めた。

また、区立学校のホームページについても同様に改善する必要があると考え、特にインターネットという大容量の情報を扱うことができるという特性を生かし、教員の紹介、クラブ活動等の詳細情報、生徒指導、いじめ対策、不登校対策など、保護者・生徒が真に知りたい情報を提供するよう求めた。

これに対する答弁は、

平成15年　第四回定例会　一般質問

◇答弁　教育長
学校案内冊子の充実についてでございますけれども、開かれた学校づくりを進めるために、学校情報の公開は大変重要であると考えております。学校選択制は、本年度初めての実施でありますが、学校案内冊子の作成、学校公開の実施、学校ホームページの公開により、保護者に学校情報の提供を行ったところでございます。

学校案内冊子につきましては、限られた紙面ではありますが、小学校は学校選択制の概要、学校公開予定、通学区域、各校の教育目標、沿革、特色ある教育活動などを掲載し、中学校は、これに加えまして部活動、学校行事、卒業後の進路などを掲載をしております。

来年度の学校案内冊子の作成に当たりましては、保護者のアンケート結果を踏まえまして、一層充実した内容になるよう検討してまいりたいと思います。

学校のホームページの充実についてでございますけれども、学校選択制導入に合わせ、学校のホームページを教職員が中心になり作成し、全校で公開を開始したところでございます。各校のホームページには、学校の概要、運動会や学芸会などの行事の実施状況、学年の紹介、学校だより、ＰＴＡ活動などが掲載をされております。各学校のホームページにつきましては、教職員のパソコン操作活用技術の向上を図り、個人情報の保護に留意をしつつ、今後とも保護者の意向に即した情報が公開できるように努力をしてまいりたいと思っております。

そして実際に学校選択制が導入された平成16年には、導入されて間もない6月、第二回定例会の一般質問で再び取り上げた。

実は、目黒区では保護者による学校評価というものを始めていた。これは学校選択のために使用するデータではないが、私は今後さらに発展させ改善していくことで、選択の一つの判断材料とすることも可能ではないかと考えたのだ。評価の主体は、例えば、教育委員会、校長、保護者、子どもたち、それとも第三者機関による評価など、いろいろ想定でき、それぞれメリット、デメリットはあるであろう。しかし他区の類似事例を参考にし、板橋区に合うように再構築することで制度の改善につなげてもらいたいと考え、制度設計を質問した。

また平成15年には、学校情報の公開拡大を求める陳情が区民から提出され、議会において採択されていた。やはり学校案内の冊子とホームページについては、必要な情報を得るために拡充を図る必要があるということである。

学校選択に必要な情報を得るため、何らかの評価制度による学校の比較を行うことと、今後どのように学校選びのための情報公開を拡大していくのかを尋ねた。

これに対する答弁は、

平成16年　第二回定例会　一般質問

◇答弁　教育長

学校情報の公開についてでございますけれども、学校選択制は2年目となりますので、昨年度の実施結果や採択された陳情の趣旨を踏まえ実施をしていく考えでございます。学校案内冊子につきましては、昨年度の内容に加えまして、小学校では学童クラブの情報、中学校では最寄りの駅からの経路や通学時間について、新たに掲載することにしております。そのほかの項目につきましては、学校行事や体験活動など、各学校の特色ある教育活動を中心に積極的にＰＲをしてまいりたいと思います。

それから、学校のホームページについてでありますけれども、既に全校でホームページが公開をされておりますが、その充実につきましては、定期的な更新や内容の充実など、より一層図っていかなければならない状態であると思っております。

それから、学校評価の問題でございますが、小学校につきましては、今年度から全校で行うということで実施をすることにしておりますけれども、その状況を十分に把握した上で、公開の方向でまた情報をお伝えしてまいりたいと思っております。

その後、決算委員会の文教児童分科会でも取り上げ、担当課長に答弁を求めた。

まずは経費について。平成15年度の決算では、学校選択制の経費と適正化配置推進経費、通学区域見直し経費が約７７０万円となっていた。これが平成16年度予算では約８３０万円に増額されていた。学校選択制にかかる経費は今後も続くとして、その他については選択制が始まったのだから一段落させるものと思っていたが、恒常的に計上されていくのか疑問に感じて質問した。

これに対する答弁は、

○答弁　新教育制度推進担当課長

（中略）学校適正配置のこと自体については、お話し合いを今、進めているところですので、そういった経費が平成16年度にはかかってくるというような形になると思います。

平成16年　第三回定例会　決算調査特別委員会　文教児童分科会

続けて、一般質問でも尋ねたが、昨年度、陳情で採択された情報公開の拡大について、情報冊子の内容及びホームページの充実はどうなったのか質問した。

これに対する答弁は、

○答弁　新教育制度推進担当課長

（中略）今年度の学校案内の冊子につきましては、まず学童クラブの情報を一覧表ということで載せました。それとあと、電車を使って中学に通われる方が多いということで、その辺の要望もございましたので、駅からの経路等について、あるいは時間について、今回、新たに加えました。（中略）冊子の右側の方が各学校で独自でつくることになっておりますが、そういう形で総合的な学習の時間での取り組みですとか学校の教育活動の特色ですとか、そういったものを充実をさせていただいております。

あと、学校のホームページにつきましては（中略）なかなか更新が行き届いていない部分もあるのも実態です。そういうことについては私どもで学校、校長会等を通じて更新についてお願いをしているところですので、各学校で一応努力をしていただいているというような現状になっていると思います。

冊子については改善を進める予定であるようだ。しかしホームページの充実については、心もとない答弁である。

小・中学校のホームページで子どもの写真を出すのは難しいということは理解するが、例えば校長先生や名物先生などが画面上に出て「うちの学校はこうだ」とアピールをするようなことは可能だろう。人間味のある、温か味のあるものにして欲しいものである。そのためにも、まずは教職員のＩＴ研修について、もっと充実する必要があるだろう。ホームページなどについて分かる・できる教職員を作って、その人から広げていくようなことを考えなければならない。ＩＴ研修について、もっと拡大すべく質問した。

これに対する答弁は、

○答弁　新教育制度推進担当課長
学校情報公開の中でのホームページの活用のことですが、（中略）子どものことについてはできる限り配慮をしていきたいというふうに考えております。

校長の考え方、ビジョン、そういうものについては校長の写真入りで、ほとんどの学校で解説をしております。学校の教育目標ですとかその学校の特色ですとか、そういったものを積極的にＰＲしているところです。また、教員の関係につきましても（中略）公開をしている学校もございますので、ただ、いろんな形でのプライバシーの関係もございますので、学校の判断のもとに、できる限り公表していきたいというふうに思っております。
○答弁　指導室長
研修会ですが、平成15年度の実績では、これにつきましては小・中学校への出前研修を延べ53回行っております。それから夏休み集中研修委託、3日間の7コース、こんなことをやっておりますので、ＩＩについては少しずつ力がついていると。

今回、平成17年度には環境教育ネットワークのサーバーが教育科学館の方に移ってきますので（中略）研修体制もより充実できるだろうと。特にネチケットの部分ですとか、そのほかＩＴ倫理に関する部分、その辺、セキュリティに関する部分は十分な研修が詰めるようになってくる、そしてさらに、学校をサポートできるようになっていくと、そのように考えております。

今度は視点を変えて、学校が統廃合した後の空き校舎の活用について尋ねた。私としては、フレンドセンターという不登校対策施設の増設など、できれば教育委員会や子育て分野で必要な施設として活用すべきであると考えていた。そもそも教育委員会が使用している施設を他の目的に譲り渡す必要は無く、専科の教室や体育用具などが揃っており、子どもたちが使用する施設にする方が効率が良い。教育委員会が今後どういった施設を必要と考えていて、そのために空き校舎の活用をすることができないか、展望を質問した。

これに対する答弁は、

○答弁　新教育制度推進担当課長

次にこの学校をどういう形で使おうとか、そういう転用を目指して学校統廃合をしようというスタンスには、今現在ございません。（中略）学校が閉校した後、その後の財産の管理は教育委員会の手を離れて区全体の財産という形になります。そういった意味で、板橋第三小学校の現状をごらんいただければわかるかと思うんですが、区の企画部門で地域の方のご要望、あるいは区全体の必要性の中、そういうものの中でさまざまな検討を加えて、後の利用について実施をしているところです。

跡地利用を目的としていないため区全体の財産として企画部門が考えてくれるだろう、という何とも消極的で人任せな答弁だったため、再度、子育て関連や教育分野を縮小するのではなく、必要な施設へと活用を求めた。

これに対する答弁は、

○答弁　保育課長事務取扱児童女性部長

子ども家庭支援センターの中に、子どもを遊ばせながら相談に乗るスペースができました。（中略）これを各地区につくるということが早急に、今、求められているかなというふうに思っております。

このほか待機児対策、それから一時保育の場所、それから先ほどお話に出ました病後児保育の場所等、非常に、率直に申し上げましていろいろたくさんありますので、今、それらをあわせまして次世代育成計画の中に、施策等も含めまして優先順位をつけて、それぞれ考えていこうという作業をしているところでございます。

○答弁　教育委員会事務局次長

今、お話のございましたとおり、私どもとしても、やはり教育に関するいろいろな機能、施設、そういったものを今後、長期計画の策定に入る中でも、私たちとしても考えがございますので、そういったものをできるだけ配慮してもらえるように、考えて、進めていきたいなというふうに思っています。

このように、これまで対処療法的に統廃合を進めてきた区に対し、統廃合による学校の跡地利用にまで計画的に検討するよう要望した。後程詳しく記載するが、この後に区は計画的な統廃合へと施策を変更していくことになる。

話を戻して学校選択制についてであるが、質問だけでなく決算に対する討論においても課題を指摘し、改善を要望しているので、以下に抜粋して記載しておく。

平成16年　第三回定例会　決算に対する討論

◆佐藤討論（抜粋）

また新たに導入された学校選択制度についても評価をいたします。しかし、まだ新しい制度で、改善の余地も多いかと思います。例えば、多数応募があった時に、兄弟が通っていれば、優先的に入学資格が得られますが、親が卒業生であっても、優先的には入れません。もともとゆかりのある学校であれば、できるだけ希望を通してあげられるよう、改善を求めます。それから、受け入れる学校側の対応も特徴を積極的に打ち出してアピールするという状況までには、まだ至っておりません。校長先生を筆頭に、それぞれの学校の意識向上を図っていただきたいと思います。

平成17年　第三回定例会　決算に対する討論

◆佐藤討論（抜粋）

学校選択制自体は評価をいたしております。しかし、まだそれぞれの学校がそれほど特徴を出さないで様子を見ているように思います。このままだと、例えば改築や大規模改修をしたきれいな学校を選んだり、私立受験に有利だという噂で学校を選んだりと、本来の趣旨と違う方向に向かう可能性もあります。学校運営の弾力化を進め、独自色の出しやすい環境を整えていただきたいと思います。

また、部活動によって学校を選ぶ子どもに対して、大人の都合でその夢を奪うということは断じてあってはならないと考えます。先日の答弁では、「教育委員会としては、保護者や子どもに事情を説明し、納得してもらう」という内容でありましたが、本来は「保護者や子どもの意向を校長に説明をして学校側の協力を仰ぐ」というのが正しい態度ではないでしょうか。外部指導員の活用によって、教員の負担はかなり軽減できるはずです。団体種目の対外試合においても外部指導員が引率できるようにすることなどを視野に入れて、部活動のあり方について改めて検討し直していただきたいと思います。

このように、本会議の質問、委員会での質問、予算決算に対する討論など、様々な場でこの問題を取り上げ、行政に対して問題点の指摘や改善提案を行ってきた。

私としては学校選択制についてはどちらかというと肯定的な立場であった。これは、もちろんデメリットもあるけれども、行政側が選択制の目的としている、学校の切磋琢磨、レベルアップにつながれば良いと思ったからである。

しかし、本来の選択制の目的を達成するために必要な事項（情報公開の拡大や、各学校の意識改善など）への取り組みが弱かったので、指摘をして改善を求めてきたのである。

・学校選択制で学校間競争をするのであれば、校長をはじめ教員まで自校のPRのために腹をくくって取り組むべきではないか
↓学校の人の「顔」が見えてこない。HPをはじめとして情報提供を進めようという姿勢が弱い。ＩＴをはじめとした教員の研修が必要。

・教育委員会が用意する情報冊子や、各校のＨＰともに情報量や差別化が乏しく、本来の選択になっていないのではないか
↓ともすれば、統廃合のために小規模校の人気を無くし、大規模校に入学を誘導しているのではないか。

・学校の統廃合を行ったとしても、その跡地は教育や子育ての目的で使用するのが本来の

筋ではないか
↓財政や企画の部門に所有が移るので、教育委員会からは要望しかできない。

こうして、この学校選択制の裏には、学校の統廃合によるコストカットが本当のテーマではないかという議論に進展していくのである。

実際にこの直前までに、小学校が4校、中学校が1校、児童生徒数の減少により廃校になっていた。更に、小規模の学校においては近隣との合併の噂が絶えず、いずれ無くなるかもしれない学校は学校選択制で敬遠される状況となった。

学校の統廃合の材料にされては困る

私としては、学校の適正規模化は、区として取り組む大事な要素だと思っている。

小規模な学校では、少人数で学習をできるため学力の習得には良いかもしれない。教員と児童生徒の関係性も濃くなり、手厚い対応が取れるというメリットもある。

しかし人数が少ないと係活動、クラブ活動、委員会活動などの社会性を身に着ける経験をうまく得られない可能性がある。運動会や学芸会、鼓笛隊などの行事においても、選択肢が狭まってしまう。

また、例えば各学年単学級でクラス替えの無い6年間を過ごすことになると、人とのつながりの固定化を招き、社会の多様化と相反する。いじめや嫌がらせが発生した時に逃げ場がない。卒業後に同級生と会おうとしても広がりが無い。やはりできれば1学年に2学級は必要かと思う。

都市部に居住するからには、もし近隣の学校が廃校になって隣の学校に行くとなっても、せいぜい1㎞弱、徒歩15〜20分圏内でなんとかなる。少人数学習のメリットよりも、多くの同級生と触れあい、多様な経験を得ることの方が適正な教育環境と考えられる。

自治体として学校の適正規模化を考えるのであれば、学校選択制によって人気が無くなった学校を廃止するというやり方ではなく、最初から堂々と適正規模化を目指すと言うべきだっただろう。そのため、議会においても、地域においても常に、「小規模校を潰すための制度である」という批判を浴びた。行政側の返答は、そのような目的ではないという一点張りで、説得力を欠くものであった。

こうした状況を踏まえて、更に追及が続く。

時系列順に追っていきたい。先ほどの平成16年の決算に対する討論の中で、統廃合のあり方について述べている。

平成16年　第三回定例会　決算に対する討論

◆佐藤討論（抜粋）

小・中学校の統廃合は、少子化傾向の中でいたし方ないことではあります。しかし、先に統廃合ありきではなく、適正規模を割り込んだ学校に対する事前の周知と、教育委員会・学校・地域の連携による対策を充分に講じた上で、改善の見られない場合に統廃合に向けた計画を発表するという親切行政を是非心がけていただきたいと思います。

学校選択制による統廃合とならないように、十分な配慮を要請した。

さらに翌年の平成17年第一回定例会の代表質問でも取り上げた。そこでは、千葉県市川市に視察に行ってきた事例を紹介した。

市川市では、全国に先駆けてＰＦＩ事業（民間資金を活用し、民間に建設や維持管理、運営、サービス提供などを委ねる手法）として中学校の校舎を改築した。その結果、中学校だけでなく保育園、老健施設、市民ホールが一体となった複合施設となったのだ。板橋区でも今後、学校の統廃合や改築、大規模改修などと合わせて、効率よく区民ニーズに合致した施設の整備を検討すべきであり、合わせて空き校舎となる学校について現状では具体的にどう運用するつもりかを質問した。

これに対する答弁は、

平成17年　第一回定例会　代表質問

◇答弁　区長

学校の跡地の活用については、今後の区の施設需要、それからまちづくりを進める上での地域の課題、地元の要望など多面的に検討をいたしまして、あわせて活用プランにふさわしい整備手法についてはＰＦＩを含めて検討をしてまいりたいというふうに思います。

それから、空き校舎となる施設についてのお尋ねであります。

校舎を区民施設に転用する場合には、消防法上の設備改修、あるいはバリアフリー化など大規模な改修がどうしても必要になって（中略）跡地の活用プランに応じまして建物を利用するのか、あるいは取り壊すのかの判断をすることになると思います。

この区長答弁を踏まえて、その後の文教児童分科会でも担当課に質問をした。

計画的な統廃合について。学校の改築時期と合わせて、きれいで大きな学校を作って二つの学校を一つにするなど、計画的にやるべきではないかと尋ねた。

これに対する答弁は、

平成17年　第一回定例会　予算審査特別委員会　文教児童分科会
○答弁　新教育制度推進担当課長
今現在そういう考え方に立って適正配置をしているわけではございません。ただ、今後学校の大規模改修とか改築とかそういった大きな課題もあります。そういった中では十分にそういうことも庶務課と一緒に考えさせていただいて考えていかなければならないというふうに考えておりますが、具体的にどこの学校という形で、また学校名が出てしまいますと、その学校が激減するというような課題もございますので、慎重に対応していかなくてはならないというふうに考えております。

平成17年の時点では、私の質問に対して「改築と合わせた適正配置という考えではない」とはっきり答弁している。つまり、学校選択制の結果として小規模校が発生した場合には統廃合の対象とするという、完全に場当たり的な仕組みだったということだ。

またこの頃、区長部局の政策企画課としては、学校の跡地については売却する可能性も含めて検討するということも言っていた。跡地利用についても場当たり的に考えていたのだ。だから私は、区の方針を定めて計画的にやるべきだと常に訴えてきたのだ。

その後、議会からの追及や、当該学区域の地域住民からの声が高まり、計画的な適正配置へと政策を改めていくことになる。

続いて平成20年の第三回定例会の一般質問で、今度は豊島区で行われた計画的な統廃合の例を示して質問した。すでに学校選択制が導入されて4年以上経ち、課題がはっきりしてきた頃である。

背景としては、これまで学校の校舎は耐震補強を中心に整備を行ってきたが、補強工事がどんどん前倒しされて進行していた。その後、今度は改築と大規模改修を順次進めていこうという段階にあった。この改築や大規模改修によって、学校を選択する基準が変わってきたのだ。つまり「あの学校は改築したから、しばらく廃校にはならないだろう」「隣の学校が大規模改修したから、こちらはいつか統廃合の対象になってしまう」、このような憶測が飛び交っていたのだ。

これは統廃合の基準として、各学年単学級かつ、生徒児童数150人以下という数字があることと、悪いうわさの学校が学校選択制によって敬遠されるという弊害であった。

そもそも学校選択制は、各学校が特徴を持つことで切磋琢磨し、子どもたちは自分に合った学校を選び、学び、過ごすことができるというのが目的だったはずだ。しかし、予算もなく、人事権もなく、教育指導要領の枠からはみ出さずに、学校の特徴を出せという難題を各学校に突きつけているだけで、なかなか学校ごとの魅力引き上げにつながっていなかった。逆に、改築・改修の予算を取れたところは、自動的に「校舎が新しい」という特徴を得て、何もしなくても子どもが集まるという現象が起きていた。

そこで、まずは今後の学校の統廃合について、今の基準をそのまま運用するのか尋ねた。豊島区では、長年かけて作成した統廃合の計画をきちんと公表したことで、それ以上は廃校を出さないという強い意思を感じ、区民が疑心暗鬼にならずに混乱しなかった。板橋区では今後も場当たり的な統廃合を繰り返すのか質問した。

もう一つは、特徴づくりの問題。各学校に一度改めて特徴づくりについて考えさせることが必要ではないか尋ねた。各学校が提案してきた中で、優秀な特徴づくりプログラムにはきちんと予算措置を行い、学校選択制の目的である特徴を出すということが機能する仕組みづくりが必要である。特に、大規模改修や改築が予定されていない学校にとっては、この特徴づくりは死活問題なので、ぜひサポートするためにも新たな制度作りを要望した。

これに対する答弁は、

平成20年　第三回定例会　一般質問

◇答弁　教育長

計画的な統廃合の推進についてですが、学校の統廃合は、平成13年3月の学校適正規模及び適正配置審議会答申に基づきまして、これまで5校の統廃合を実施してまいりました。

現在、学校の適正規模を維持するためには、学校配置のバランスを考えたり、地域コミュニティとの関係を考慮するなどの課題がございます。今後は、通学区域の見直しも含めまして、全庁的な検討組織を立ち上げるとともに、区民や学識経験者を交えた審議会を設置し、中長期的な視点に立った総合的な計画の検討を進めていきたいと思います。

最後に、学校の支援体制の構築についてですが、学校選択制の目的の1つに、特色ある学校づくりを掲げております。教育委員会としましても、現在、教育改革重点予算を設けまして、各学校の創意工夫を活かした特色ある事業として、算数教室やキャリア教育、農業体験活動などを推進しているところでございます。今後も、学校の特色づくりに対して一定の支援を行ってまいりたいと考えます。

適正規模の維持に向けて具体的に話し合う場を設置するという、非常に前向きな答弁へと変容してきた。学校の特色づくりに対しても支援したいと、こちらも前向きだ。

そこですかさず、決算に対する討論において再度要望する。

平成20年　第三回定例会　決算に対する討論

◆佐藤討論（抜粋）

校舎の改築や大規模改修によって、校舎のきれいな学校を選ぶということが増えてきています。逆に、改修されない学校は将来廃校のおそれがあるのではという噂が立っています。

本来の、各学校が独自性を出して切磋琢磨し、その特徴を児童生徒が希望するということが崩壊しつつあります。きちんと予算をつけて特徴作りを進めるのか、それとも通学地域を重視して地域に根ざした学校にするのか、適正配置も含め、学校選択制の抜本的な見直しをすべきだと考えます。

このように念を押して改善を見守ることになる。

翌年、平成21年の第四回定例会の一般質問では、教育と子育て施設の再編と、適正配置の問題に触れた。

当時、教育関連施設については、耐震補強、大規模改修、改築だけでなく、適正配置、一貫教育、全児童対象の放課後対策（あいキッズ）、あいキッズ導入後の児童館の活用などを含め、施設の見直し、再編をしなければならない状況であった。しかし、それぞれの施策がリンクしていないため、施設の改善が計画的なものとなっていなかった。例えば赤塚第二中と成増ヶ丘小は隣接している。区としては区内全域で一貫教育を進めようと考えていた。しかし、校舎の改築については別の施策ということで、赤塚第二中単独で計画されていた。一貫教育を進めるというのであれば、校舎も含めた一貫校の計画にすれば相乗的に施策が進行するはずである。

また、学校の適正規模を定めているからには、各学校が適正規模になるように教育委員会は努めなければならないはずだ。しかし、学校選択制やこれまでの統廃合などによって、結果的には小規模校をより小規模化させ、大規模校により人気が集まるようになってしまっていた。小規模校を底上げして学校規模を適正にするような施策が見受けられなかった。例えば小規模校の余裕教室に保育園の分園などを入れることで、将来、その小学校に入学する可能性の高い子どもたちを集めることができるのではないだろうか。こうした魅力ある学校づくりをサポートする体制が整っていなかった。

そんな中、私は会派で品川区に視察に行ってきた。品川区では小中学校を6年、3年制ではなく、4年、3年、2年制という小・中一貫教育カリキュラムを区内全校で実施していた。改築の際には一貫校も設置し、屋内プールは学校で使用しない時期は区民プールとして使用もしていた。保護者、児童・生徒、地域からの満足度は非常に高いという結果をもたらしていた。このように、区として計画的に資本投下をして、そして学校の特徴づくりを行って、その中で学校選択が機能しているという自治体もあった。

私は、計画的で前向きな学校改革、配置計画を提言していた。例えば、板橋区内を5つのブロックに分けると、それぞれの地域で小学校約10校、中学校は4から5校程度になる。そのブロックの中で、例えば中学校単位で一貫校を1校、部活動などの重点校を1校、基礎学習重点校を1校、コミュニティスクールを1校などというように、地域内で特徴ある学校を選べるようにするというのも一つの考え方ではないかと提案した。

大規模改修、改築などに当たっては、区やそれぞれの学校が目指す特徴に合ったものにすべきである。近隣の学校との小・中一貫校新設などを行うことで、資本を集中し、空いた学校の校庭は第二校庭として部活動などに活用もできる。また、空いた教室はあいキッズや保育所への転用もできる。

このように、一貫教育・一貫校の考え方と施設整備について幾つか提案し、今後の適正配置の考え方、区が考えている教育施設の配置・設置と、それぞれの施策の合理性、整合性を質問した。

また、計画的な整備を求め、区が思い描いている教育関連施設の全体像は、いつごろになったらどのような形で公表されるのか尋ねた。

これに対する答弁は、

平成21年　第四回定例会　一般質問

◇答弁　教育長

教育委員会では、魅力ある学校づくりを支援するために、教育改革重点として予算を配分しております。（中略）小規模校においても、大規模校同様、学習指導講師を配置いたしまして、小規模校のよさを生かし、さらなる個別少人数指導の充実を図っているところでございます。

（中略）教育関連施設の計画的な配置と計画的な整備計画を示すべきであるというご指摘で

ございます。

計画的な施設整備計画が現在ないために、それぞれの施策がリンクしていないという議員のご指摘はもっともなことで、私どもも大変心を痛め、大きな課題と考えているところでございます。ただ、現在行っております工事は、学校の耐震化、安全性の確保を最優先して耐震補強工事と改築工事を進めているという状況がございます。今年度、将来の児童・生徒数の減少を見据えた適正配置を検討することになっておりますので、一定の方向性が出てくれば、学校整備計画をきちんと策定をいたしまして、改築をはじめとした計画的な施設整備を進めていかなければいけないというふうに考えています。学校を取り巻くさまざまな要素を整理して、困難なことはございますけれども、極力計画的に施設を整備していきたいと思います。

具体的な提案に対する答弁は避けながらも、適正配置と学校の施設整備を計画的に進めていくという前向きな答弁になっている。

しかしその後、実施計画「いたばし魅力ある学校づくりプラン」ができるまでに時間がかかったため、その間に改築をしてしまった学校が統廃合予定校と隣接していたという問題が発生した。どういうことかというと、「いたばし魅力ある学校づくりプラン」における改築と統廃合の進行計画の第1弾として、板橋第九小と中根橋小の名前が挙がっていた。この二校のどちらの校舎を残して合併するかということで調整が難航していた。そんな中、急に、板橋第九小に隣接する、改築したばかりの板橋第一小もこの統廃合計画に加わるということになった。こうなると位置的に、3校の中央に位置する板橋第九小が廃校になり、東西の2校に分散させるのが順当となる。つまり、調整が難航したため、改築したばかりで絶対に廃校になるはずがない学校も加えることで、無理やり推し進めたのである。

本来は、板橋第一小も加わるのであれば改築する前に再編計画を立てて、改築時に需要に見合う教室数やスペースを確保することが必要だったはずである。また当初の予定と状況が変わったならば、後から作成された「いたばし魅力ある学校づくりプラン」の方を作り直すべきではないか。

この問題についての状況を平成26年の第四回定例会の一般質問において追及した。

これに対する答弁は、

平成26年　第四回定例会　一般質問

◇答弁　教育長

学校の統廃合の準備状況に関連して、板橋第九小学校、中根橋小学校の現状についてのご質問です。

これまでに検討対象となっている小学校のPTA役員や通学区域が含まれる町会連合会の

各支部への情報提供や意見交換を重ねてきておりまして、その中で周辺の学校も含めて協議すべきとの意見が多く寄せられたところでございます。（中略）学校や地域の意見を尊重する形で、（中略）現在、協議会委員の推薦依頼を始めておりまして、来年2月には協議会が立ち上がるよう準備を進めているところでございます。

魅力ある学校づくりプランのつくり直しについてのご質問です。

「いたばし魅力ある学校づくりプラン」では、検討を始める学校グループを編成する際は、改築及び大規模改修の実施校は原則としてグループ編成の検討対象から除外をするとしておりましたが、改築及び大規模改修の実施校を排除しているものではございません。（後略）。

そもそも「いたばし魅力ある学校づくりプラン」は、改築等と一緒に統廃合も検討しようというものであるので、改築後の学校が統廃合計画に含まれるのはおかしい。これまでの場当たり的な整備の結果であるので苦しい答弁となっている。

区民が納得できる計画を立て、その計画通りに再編がきちんと進むよう、その他、配慮すべき点について合わせて以下のように討論で述べておいた。

平成29年　第一回定例会　予算に対する討論

◆佐藤討論（抜粋）

学校の統廃合により残った学校が大規模化して教室が足りないという状況は本末転倒であります。同様に、防災倉庫のせいで少人数学習の教室が確保できないなど、本来の使用目的が果たせないことも課題であります。今後の学校施設整備に当たっては、十分な教室、倉庫等の確保や、適正規模化できる配置計画を行うように要望いたします。

こうして私は、学校選択制と適正配置の関係について、その時期に課題となっていることを踏まえながら、一貫して「学校ごとの魅力の向上」と「計画的な統廃合」を訴えてきた。その結果、平成26年「いたばし魅力ある学校づくりプラン」として、学校の適正規模化を進める計画が発表された。この計画の中で、小学校2校、中学校1校が廃校に向かっていく。令和元年には更に、第二期の対象校が発表され、校舎の改築や大規模改修に合わせて統合を進める計画へと進んでいく。

行政は、本心は絶対に答弁に出さないが、結局のところ学校選択制によってなし崩し的に学校の統廃合を進め、コスト削減をしたかったのかもしれない。なぜこのような回りくどいやり方にするかというと、学校選択制で魅力づくりを各学校にさせることで、その結果、児童生徒が減った学校が統廃合するとなれば、廃校の責任は学校と地域に押し付けることができるからではないだろうか。

私としては、学校選択制による魅力醸成と、適正規模化は別の問題であると考える。魅力醸成のためには、しっかりとした予算措置を行い、学校運営の自由度を高めて行うべきだと述べてきた。また、適正規模化を目指す適正配置については、校舎などの更新に合わせて計画的に実施すべきで、人口動態を見極めて教育委員会の責任で行うべきと述べてきた。こうした主張は、その後の区の政策に大きな影響を与えたと思っている。

適正規模化については、先述の通り「いたばし魅力ある学校づくりプラン」が策定され、現在では前期計画（10年間）平成28年度〜令和7年度の第二期まで公表されている。そして、後期計画（10年間）令和8年度〜令和17年度も策定予定で、この中で板橋区の区立小中学校の改築・大規模改修の計画とともに、近隣校との統廃合も含めた適正配置を進めていくことになった。改築・大規模改修を計画的に取り組むということも、次章に関連してくるが、たいへん大きな成果だと思っている。

一方、本題である学校選択制はどうなったかというと、平成26年度から「入学予定校変更希望制」に改められた。それまでは区内の全校から希望校を選択できたものを、原則として通学区域校に隣接する学校しか希望を出せない形に変更された。これによって、特出した人気校に電車で通うというようなことが無くなり、地域との連携をこれまで以上に大切にしようという機運が高まった。つまり、学校独自で魅力を高めることには限界があるため、地域ぐるみで学校の魅力を高めていこうということである。地域連携を行って評判を上げないと、地域小規模化が進み、統廃合の対象になる可能性がある。学校という地域の核が無くなると地域コミュニティが弱体化してしまうことに繋がる。ある意味では、コミュニティスクールへの発展を踏まえた取り組みとなった。そのために例えば、部活動の外部指導員の枠を増やすなどの取り組みが行われるようになった。

学校選択制の改善については希望通りの成果とは言えないが、少なくとも「予算は出さないが、魅力を高めないと学校を取り潰す」という無理難題を学校に押し付ける状況を脱し、地域との連携を強める方向性が出され、なおかつ、子どもたちには近隣校において部活動や学校の取り組みによって選択する余地が残された体制を整えることができた。

第四章　施設整備

学校の施設整備の最大のものは、改築（新設）だが、他にも大規模改修、耐震化、バリアフリー化、空調設備など、施設整備は無数にある。

地方議員であれば、必ず地元の学校の設備の改善について地域の住民から要望を聞くことになる。保護者だけでなく、町会、教職員、施設利用者など、学校に関わる人は意外と多い。いろいろな立場の人から、塗装が剥げたとか、サッシが歪んで滑りが悪いとか、防球ネットが破けているとか、寒い・暑いといった設備に関する指摘や苦情を受ける。

こういった要望に対して多くの場合は、教育委員会の担当部署とヒアリングして改善できないか要請していくことになる。そして叶わない場合は、議会で追及するという具合だ。

一方、私は、個別事案の交渉も行ってきたが、議会では多くの場合、区全体として政策的に取り組むべき課題として取り上げてきた。前章で述べた、改築・大規模改修の計画と、適正配置をリンクして計画を立てるべきという内容は、最たるものである。各学校ごとに要望を受けるが、全校一律に整備すべき課題も多い。

また、昔から問題となっているものもあれば、時代に合わせて改善するべきものもある。その中で優先順位をつけるのが難しい。こういう時こそ、議員が課題を取り上げて、行政に対して整備を促進するように提案し、説得することが必要だ。

この章では、こうして取り上げた課題について紹介していく。うまく実施できたものもあれば、残念ながら実現できなかったものもあるが、どのようにして課題を提示して改善提案してきたか、ご覧いただきたい。

耐震化、大規模改修、改築

2000年代の校舎の整備においては、正確とは言えないが、分かりやすく大きく3つの段階があった。地震対策としての耐震化、躯体の耐久寿命を延ばす大規模改修、老朽校舎を新築し直す改築である。

1995年の阪神淡路大震災を機に、校舎の耐震化は喫緊の課題となっていた。多くの学校が旧耐震基準の時代に建築されているにも関わらず、災害時の避難所に指定されている。避難所の建物が先に倒壊してしまうようでは、子どもたちの安全はもとより、自治体としての避難計画が成り立たなくなる。

前章で掲載した平成17年の代表質問に対しては、区長だけでなく教育長も答弁しており、その中で、耐震化、大規模改修、改築について、整備計画を立てたいと述べている。

平成17年　第一回定例会　代表質問

◇答弁　教育長

学校の大規模改修につきましては老朽化した校舎の維持や危険を防止し、約25年間の延命化を図ることを目的に、平成13年度から実施計画に位置づけ、取り組んでおります。平成16年度に最初の大規模改修として志村二小、板橋五小の工事が完了いたしました。学校施設は建築後35年以上経過した施設が約65％あり、全体が老朽化をしております。児童・生徒の安全確保や良好な学習環境の維持向上を図る必要がありますが、大規模改修には1校当たり10億円から12億円の経費を要しますので、対象校を増やすことは今後の区全体の財政計画とあわせて検討していかなければならないと考えております。

なお、平成17年度予算では桜川小、赤塚三中の大規模改修工事費など大規模改修関連経費として約10億円を計上いたしたところでございます。

次に、学校の改築と耐震補強についてでありますが、学校の改築については大谷口小を1校目の改築校に決定し、平成17年度予算では実施設計などの経費約1億6０００万円を計上いたしました。平成18、19年度に工事を予定しております。2校目の改築校につきましては、義務教育施設整備基金などの推移を見守りながら次期基本計画の中で検討することといたしたいと考えております。

また、15年度から実施をしております第2次の耐震診断が平成17年度で全小・中学校が完了いたします。この耐震診断結果により必要な耐震補強につきましては、次期基本計画の中に整備計画を盛り込んでまいりたいと思います。

答弁をご覧いただき分かるように、これまでは老朽化した校舎を、年度の予算に合わせて、また義務教育施設整備基金の残高状況を鑑みながら、場当たり的に修繕していた。学校現場や議員や地域からの声を集約して、来年はどこの学校に手を付けようかと、一本釣りしていた感がある。

私としては、個別に恣意的な修繕にならないように、区内全体として計画的な修繕を進めるべきという視点で、提案・要望・質問を行ってきた。こうした質問の甲斐あって、平成20年に区長マニフェストを具現化する「いたばしNo.1実現プラン」という実施計画が策定され、その中で学校の修繕計画の第一弾が発表になった。

その発表を受けて、平成20年の第一回定例会の代表質問を行った。「いたばしNo.1実現プラン」においては、平成22年度までの学校の改築・大規模改修・耐震化計画が発表になったが、実は計画期間である10か年の間で改修が必要な学校のうち、全ての学校が計画に網羅されているわけではなかった。平成22年度までの計画では、改築は5校中1校、大規模改修では21校中10校しか計画に載っていなかった。できる限り前倒しをして工事することを希望し、23年度以降の計画について質問した。

これに対する答弁は、

平成20年　第一回定例会　代表質問

◇答弁　教育長

学校の改修のできる限りの前倒しをというご質問でございます。学校の改修等につきましては、耐震補強工事に関しては、極力前倒しをしまして、平成22年度までに完了する予定で進めることとしております。改築につきましては、No.1実現プランの1校である大谷口小学校は完成をしまして、現在、板橋第三中学校が基本設計に入っており、基本計画期間中には5校を改築する予定でございます。また、大規模改修につきましては、基本計画期間中に21校改修する予定ですが、平成23年度以降の具体的な実施校は、現在のところ決まっておりません。なお、これ以上の工事の前倒しは、組織の執行体制、それから業者の受注能力、学校の運営の観点から、現段階では困難と考えているところです。

まずは、「いたばしNo.1実現プラン」によって、老朽化して修繕する優先順位が高い学校について、3か年の中で設計や工事を、どういう順序で行うかが明らかになったのである。計画的な改修を進めるということが区の方向性として示された後に、前章で掲載した平成21年の私の一般質問に対する教育長からの答弁、「適正配置を含めた学校整備計画を策定いたします。」とへと繋がっていく。計画的な改修計画と、計画的な統廃合（適正配置）がリンクする形で改善が進められるようになり、平成26年に「いたばし魅力ある学校づくりプラン」が策定された。

ちなみにこの「いたばし魅力ある学校づくりプラン」から、より具体的な整備計画が別途作成され、令和2年5月には、「学校施設長寿命化計画」が策定された。

改築の場合は耐用年数80年を目指し、既存の建物を大規模改修する場合には築40年程度のところで長寿命化改修を行い、結果として耐用年数を80年程度まで引き延ばすというものだ。各学校の築年数をベースに、優先順位をつけて、計画的な改修を行う。

この大規模改修・改築の計画と、適正配置がリンクしていくことで、コストも削減でき、計画的な統廃合が示されることで将来不安も軽減される。まさに長年要望してきたことが徐々に具体化したと言える。

設備の充実

校舎本体だけでなく、設備の充実も欠かせない。今では都内の学校では教室の空調設備は当たり前だが、つい十数年前までは「夏休みがあるからクーラーは不要」という論調が強かった。実際に、地方に行くとまだ空調設備が無い自治体もあるようだ。

私が初当選した平成15年頃は、耐震化の問題と、この冷房化の問題が、双璧のようにしばしば議論に上がった。議会からは当然、学校の冷房化を促進する要望が強かった。ほぼ全会派が一致して要求していたと思う。そのおかげで、平成19年にリース契約が結ばれ全校で設置が完了した。

リース契約というブラックボックス

ただ、この全校冷房化については設備工事ではなく、「リース」での契約となった。金額的に安く抑えられたため、ほとんどの議員はそのまま受け入れていたが、私としてはリース契約について疑問があったので議会で取り上げた。

区の条例では、建設工事であれば1億８０００万円以上の契約の場合、議会の議決が必要と条例で定められている。しかしこの空調機材のリースは、全校一括で約29億円以上という大きな契約であったが、工事ではなく物品調達という扱いになるのだ。つまり、リースにすることで、議会の議決を経ることも無く、行政が主導で約29億円という契約が結ばれてしまうのである。この空調設備契約の内容の良し悪しではなく、議会のチェックが働かない状態にあることが問題だ。

また、リース契約の場合、空調設備を購入（リース）することに加えて設置まで発注しているという形（一括発注）なので、家庭でエアコンを購入するのと同じで図面などが残らない。空調設備を全教室に設置し、屋上に多数の室外機を備えることになるのだから、電気、熱交換などが多数配線される。場合によっては、天井からパイプスペースを通って、見えない配線になる。そういった図面を残さないということは、メンテナンスの時や、耐用年数で付け替える時に、実際に設置した業者以外は配線が分からない可能性がある。

もう一つ、学校の設備関連でリースしているものが、改築や大規模改修の時の「仮校舎」

リース契約のメリット・デメリット

メリット
- 費用が比較的、安く済む
- 費用を複数年度に分散することが可能
- 工事契約ではないので、業者側の積算や図面などの提出が容易
- 原則としてリース期間内は、機材は保証される
- 受注数の制限をかけないので、入札が不調に終わることが少ない

デメリット
- 工事契約ではないので、入札時に提供される情報が少ない
- 設備の図面が残らない
- 区の規定として一定額以上の契約は議案としているが、物品の場合は対象外（議会には報告のみで、関与できない）
- リース期間内のメンテナンスは、リース会社が独占（地元の設備業者などは下請けにしかなれない）
- 最低制限価格を設定していないので、ダンピングの恐れがある
- 区は監理に関わらない

である。校庭などに仮校舎を建てて一度引っ越して、校舎本体を工事するという手法はどこでも一般的に行われている。この仮校舎はだいたい1〜3年程度、使用される。プレハブ校舎とも呼ばれる。

この仮校舎、電気や水道などの設備も含め、多くの「工事」作業を経て建てられる。しかし、役所との契約はリースになっている。プレハブの躯体を期間限定でリースしているという形だ。金額としては2〜3億円程度になる。通常の工事ならば、議会の承認が必要になる可能性がある。これも結局は安くできるということと、議会の承認を得なくて済むという行政側の思惑が見えてくる。

なぜこういったリース契約に対して疑問視しているかというと、区の方針と矛盾している部

分があるからだ。

区の契約の方針として、「分割発注」と「区内事業者の活用」というものがある。これは多くの自治体でも同様の方針を持っていると思う。

「分割発注」とは、ゼネコンに建設から設備まで全て一括して発注するのではなく、設計、建設、電気、空調給排水、塗装、防水、エレベーター、土木工事などを細分化して発注することである。これによって、それぞれ別の事業者に発注できるのでチェック機能が働き、独占による弊害が無くなる。そしてもう一つの「区内事業者の活用」に繋がる。ゼネコンに一括発注してしまえば、そのグループの関連企業が下請けとなり、区内の事業者が仕事を受けて入る猶予が無くなってしまうが、分割発注することで区内の中小企業も受注機会を得ることになる。

地元事業者を優先する「軒先ルール」などと呼ばれる弊害もあるが、ここでは詳しい説明は避ける。分割発注にしても一括発注にしても、区内事業者の活用を優先してもしなくても、どちらにもメリット・デメリットがあり一長一短と言える。それらを考慮した中で、板橋区では「分割発注」と「区内事業者の活用」を優先方針としている。

この方針の良し悪しは別として、「リース契約」を次々と行うことは、区の方針と反していると私は述べてきた。リース契約であれば、分割発注をする必要も無く、区内事業者の活用が期待できない。もしリース業者が区内事業者を下請けに利用するとしても最低制限価格が無いので値段は叩かれる。またそもそも地元に大規模なリースをできる事業者が無いので、元請けのリース業者は区外の事業者になってしまう可能性が高い。

リース契約を行うということは、区の方針に逆らうことになるのだということを、他の議員やおそらく区長も気づいていなかったのではないだろうか。こうした契約を、なあなあで進めてしまうと、行政官のやりたい放題になりかねない。そこを危惧して、問題提起し質問を行ってきた。特に平成22年の第一回定例会の予算に対する総括質問では集中して質疑を行った。

先述の学校改築や大規模改修を行う際のプレハブ校舎については賃貸ということで入札が行われ、リースでの契約となっていた。しかし建設事業者から話を聞くと、実際に機材のリース部分というのは大体15％ぐらいだと情報を得ていた。残りの8割以上、9割近くは、工事なのである。電気も、給排水も、内装も、外装も、塗装も全て行われている。実態としては工事なのにリースとして契約しているのは、なじまないと思うが、なぜこれがリース契約なのかと質問した。

これに対する答弁は、

平成22年　第一回定例会　予算審査特別委員会総括質問

◎答弁　総務部長

工事契約であれば、当然設計の段階からしかるべき作業、設計、それから工事、契約手続をして、検査の手続もして、しかるべき手続をするわけですけれども、プレハブ校舎の場合には、相手方の持ち物で、比較的経費が安くなる、しかも設置期間は限定されているわけですので、一般に広く活用されているという方法でございます。

つまり、経費が安くて期間限定だからという理由である。安く上がる分に越したことはないと思うが、私から3点ほど問題点を挙げた。

1つ目は、リース契約なので工事と違って最低制限価格がないこと。これによってダンピングの疑いがないか、工事の安全性をきちんと担保できるのかということがある。予定価格が非公開なので何とも言えないが、平成21年の2件の案件があったので検証した。

3月5日、徳丸小の契約では、9社指名をして3社が辞退、入札に応じたのは6社で、一番金額が高かった6位の業者は9460万円、落札した1位の業者は6680万円であった。最低額と最高額で比較をすると、70・61％である。

7月1日、板橋第三中学校の契約では、9社指名をして辞退が2社、不参加が3社、入札に応じたのは4社。一番金額の高い4位の業者は8000万円、落札した1位の業者は5900万円であった。この最低額と最高額で比較すると73・75％である。

一般的には、この一番高い金額で入札しているところでも、予定価格よりも低い金額を入れている可能性が高い。そう考えると、先に述べた数字よりももっと低い落札率となり、60％台なのではないかと推察される。

工事では60％台は最低制限価格を下回ることが多く（通常は最低制限価格は予定価格の85～75％程度に設定される）、失格となる可能性がある数字であった。これらは適正価格で落札されたと言えるのか、ダンピングではないのかという質問をした。

これに対する答弁は、

◎答弁　総務部長

リース契約の場合には、区で指名をするリース業者は大手が多いということで、かなり競争が激しい状況がございます。そういった中で、低率といいますか、落札率がかなり低くなっているという状況が事実としてございます。当然そのダンピングがあれば、当然質の低下につながっていくわけですけれども、質の確保につきましては、当然そのプレハブ校舎を建築する上では、当然必要な検査というものが、基準法上の制約がございます。そういった中で確保されているというふうに考えておりますので、品質確保の問題はクリアされているというふうに考えているところでございます。

入札上の課題については、確かに競争が激しいという状況はありますけれども、それがダンピングというほどではないというふうに判断をしております。

数字上の根拠は無いが、品質は確保されているだろうという希望観測的な回答であった。

2つ目の問題点は、リース契約なので分離発注がないことである。空調給排水や電気工事などは、全てリース会社の下請けになる。これだけ落札率が低いのだから、下請業者は泣かされている可能性があった。

さらに言えば、平成21年の2件とも、同じ大手のリース会社が受注していた。下請けには地元の企業を有効活用すると区は言っていたが、地元の企業は入っているか確認しているのか。分離発注じゃないということについては、どのように考えているのか質問した。

これに対する答弁は、

◎答弁　総務部長
リース契約の場合には、当然期間が定められておりますので、その部分、例えば設備工事だけ分離して発注するということは通常行いません。一体として、リース契約の中に含むというのが通常の形態でございます。そのことによって、設備の関係が区内の業者が下請を受けているということについては、残念ながら確認をしていないという状況でございます。

区内業者の活用について確認をしていないことを認める答弁であり、下請けが泣かされているかどうかもチェックしようがないということである。結局は安い価格で受注したリース会社が、どこと下請けの契約を結ぼうが、そんなことは関係ないというのが区の立場であるということがよく分かった。

3つ目の問題点として挙げたのは、受注の数の制限がないことだ。通常の工事であれば、一度に受注できる件数に制限があり、無理な受注をすることができない。これは工事の安全性の確保と、区内の事業者へ仕事を配分するという機能を兼ねている。

先ほど挙げた平成21年に2件受注した業者は、その前に足立区で4件同時に落札をしたことがあった。学校の仮校舎なので、やはり長期休暇中や休日に仕事が集中する。4校を一度に受注したことで何が起きたかというと、窓が枠ごと落下するという事故を起こしていた。その同じ業者が、板橋でも2件、同じ年に落札をしていた。同時に多数の受注をすることで安全性に対する配慮が欠けるのではないか懸念があった。更に、リース案件ということで、区は工事監理をつけないのではないかという心配もあり、質問をした。

これに対する答弁は、

◎答弁　総務部長

受注制限のお話がございました。通常、よくこの議会の場でも、私ども工事契約について受注制限のお話をさせていただいておりますけれども、受注制限はあくまで区内の業者さんの保護、育成ということが目的で、いろいろご提案をさせていただいているわけでございます。リース業者の場合には、先ほどお話し申し上げたように、大手が多く、全部区外の業者でございますので、受注制限をしていないという状況がございます。

それから、もう一つ工事監理のお話が出ました。当然、そのプレハブの校舎であっても、プレハブのリース物件であっても、それが正当に使えるものなのかどうか、しっかりと建ったものかどうかという確認は、当然しなければなりませんし、基準法上の検査もされているという状況がございます。一定の条件以上のものは、当然そのリース業者としても工事監理をしなければならないという法的な制約がかかってきますので、それは他の法律の網の中でクリアされているというふうに理解をしているところでございます。

区内事業者にまんべんなく発注するための受注制限であり、安全面は別問題であるという答弁であった。区内事業者を活用しなければ、受注制限をかける必要が無いということである。工事監理についても、区が監理してチェックするわけではない。リース業者が自身で監理をすれば、法的に問題ないものができるはずだという認識であった。安全性に関して区はほとんど関与する気が無い。

これでは良くないと考え、施工実態の内容から考えると、本当は工事で契約するべき案件ではないかと改めて述べた。工事案件を、リースや委託などの手段を使って簡便に済ますことで、工事契約という制度をないがしろにしており、何でもリース契約にしてしまえば良いという考え方は、脱法行為ではないだろうか。工事契約の制度があるのだから、そちらの制度に乗せてやるべきだと、「脱法行為」という言葉まで使って追及した。

これに対する答弁は、

◎答弁　総務部長

どういった案件をリース契約にするかというのは、その都度、事情によって判断をすべきものであるというふうに考えております。個々の案件が、どのような状況の中で工事として取り扱うのか、あるいはリースとして取り扱うのか、あるいはほかの形で取り扱うのかというのは、それぞれ所管の判断もあると思いますけれども、契約サイドとしてどのような判断をするかということについては、所管からよく事情を聞きながら、個別に判断をさせていただきたいと考えております。

所管と契約サイドで判断することだから、議会は口を出すなと言わんばかりの答弁であった。結局は、安くできるからリース方式を選択しているということだ。

またここまで触れてきていなかったが、工事で校舎を建設してしまうと、区の財産となってしまう。数年して解体するときは、それを処分するという手続きが発生する。事務的な手続の増を免れるためにやっているのだとしたら、これは脱法行為だ。きちんとリース契約と工事契約のあり方を見直すべきであるという厳しい指摘をし、契約のあり方に釘を刺しておいた。議会の目は節穴ではないと思わせて、今後は安易にリース契約という逃げの手段を使わないようになっていくと良い。

引き続き、学校にエアコンを導入した空調機器のリース契約についても尋ねた。ちょうど大規模改修等が複数校で行われているタイミングであったが、大規模改修や改築の時には、その空調機器を一回取り外し、改修が終わったらまた取り付けることになる。大がかりな作業を行うことになるが、リースで契約していた結果、図面や配線などの資料を区は持っていない。そうなると随意契約で元々のリース会社に発注することになってしまう。そうなれば取り外しと取り付けの作業はまた、全部リース会社の下請けになる。区内の業者に仕事が回ってくるか分からず、金額もたたかれる可能性がある。ただ中間マージン抜くだけのことをリース会社がやるというのであれば、こんなにおかしな契約はないと問いただした。

これに対する答弁は、

◎答弁　総務部長

学校の空調設備に関する契約の実態については、佐藤委員がご指摘したとおりでございます。区内の業者の活用については、これは学校の空調については、平成19年度に行われたというふうに記憶しておりますけれども、そのときに区内業者を活用するというのが、プロポーザルの中で評価をされておりますので、区内の業者さんに仕事が回っているということについては、その部分で確保されているという確認はしております。

今度は、区内業者に仕事がいっているはずだという答弁。仮校舎のリース契約では区内業者が下請けしているか確認できていないと言っていたが、空調機器ではプロポーザル方式の入札だったので、区内業者の活用がされている可能性が高いということだ。しかし工事契約として分割発注すれば、区内の空調業者が元請けとして受注できる。リース会社の下請けとして、中間マージンを抜かれた仕事をしなければならないということが問題なのだ。

そもそも平成19年の入札の時は、プロポーザルなのだからリース業者も都合の良いことを言うであろう。しかし、その後の付け替えや修繕など工事と思われる仕事が全部随意契約で回ってくるとなれば、こんなおいしい話はない。やはり工事で契約しなければならなかったのではないだろうか。少し年月が経って、改めて大規模改修、改築を数多く発注する時代になって、今後リース契約のあり方について見直しを図る必要があるのではないかと質問した。

これに対する答弁は、

◎答弁　総務部長

先ほどもお話ししたように、個別に判断をしていくというのが、私どもとしての基本的な考え方ではございますけれども、先ほどの案件等も含めて、再三のご指摘でございます。本当に、どういった形が望ましいのかということは、当然あるわけでございますので、改めて工事所管課、あるいは施設を所管するセクションとも十分な協議をさせていただければと考えております。

最低限、今後は十分に協議していくという答弁を得た。

しかしまた、教育委員会では別の建物についてもリース契約があることが、私の調査で分かった。「あいキッズ」という放課後対策事業で使うプレハブ建物をリース契約で建てて使用していたのである。平成24年の第二回定例会の一般質問において、問題視して取り上げた。一般的に建物のリース契約は、改築時の仮校舎など期間限定のものに限られる。長期にわたって使用する建物は、建設工事として契約されなければならないはずであるから、やはり値段と事務作業の手軽さで安易にリース契約にしていたのだろう。

これまで私がたびたび問題視をしてきた課題であったが、引き続き教育委員会では、このリース契約の手法で建物や設備を事実上、「工事」していたのだ。

実際にこの質問当時、3校のあいキッズでリース契約の建物を使用していた。そこで、リース期間満了後はどうなるのか3つの例を挙げて尋ねた。

1，買い取る場合。トータルコストは、建設工事とどちらが得になるのか分からない。それに学校敷地内にある物件では別の収益は見込めないわけだから、基本的には無償譲渡を求めるべきだ。

2，再リースする場合。金額が幾らで何年までなら建設工事と比べて財政的なメリットがあるのか、きちんと計算をして、額を定め、低廉な価格で再契約を結ぶ必要がある。

3，返却する場合。この場合、改めて建設するか、校舎の中の部屋を作らなければならず、新たに費用がかかる。

リース契約のメリットとして、財政負担を複数年度に分散させるということが挙げられるが、財政負担を長期に渡って行うのであれば、建設のために起債をするという選択肢もあるはずだ。ルールをきちんと定めないまま安易にリース契約にして、目先の金額が安くなるからといって、将来のコストや展望を考えていないのでは困る。また、私がたまたま、あいキッズの建物の契約状況に気が付いたので取り上げることができたが、議会などのチェック機能が働きづらい契約である。このことについても是正を求めた。

これに対する答弁は、

平成24年　第二回定例会　一般質問

◇答弁　教育長

あいキッズを全校で実施するに当たっては、可能な限り学校の余裕教室の活用を図っていくことを第一に計画を進めております。子ども家庭部から引き継ぎました高島第二小学校の旧高島平さくら学童クラブにつきましては、昨年度、リース期間が満了しましたが、教室が確保できなかったために、契約金額の適正化を図った上で再リースを行いました。また、志村第一小学校、徳丸小学校につきましては、児童数の状況によっては暫定的に再リースを行わざるを得ない場合もあると考えておりますが、将来的には学校内への移設を目指していきたいと思います。

校内に移設を目指し、それまでの暫定使用だからリースということだ。その暫定とは何年かかるか分からないので、コスト計算もできないということであろう。非常にずさんな計画である。

このようにリース契約のメリット・デメリットを検証せずに、安易に「安いから」という理由で契約をしてしまうことには注意が必要だ。大手企業が受注して、下請けをたたいて泣かせることが往々にして起こり得る。税金が原資なので、安いに越したことは無いが、公共事業で手抜きやワーキングプアを生み出しては元も子もない。いかに適正な金額で適正な成果を出すかということを考えなければならない。

また、リースにすることで複数年度に費用を分担できることは行政にとってメリットであるが、単年度の額が小さくなることで予算の中で見えにくくなる。議員はこうした行政の「テクニック」をきちんと見極めて、費用対効果や将来負担についての説明を求める必要がある。

提言で大幅に進んだトイレの整備

トイレの環境改善については、いち早く取り組み、実績を出すことができた。

当時、冷房化、耐震補強などを要望する議員が多い中、トイレの問題に取り組んだ議員はほとんどいなかったと思う。そんな中、一般論として区の施設のトイレの洋式化から取り上げはじめた。平成17年の第一回定例会の代表質問では、本庁舎及び区の関連施設のトイレを洋式化するよう求めた。車いすや乳児同伴でも入りやすいユニバーサルデザインのトイレの設置は、少しずつ進捗してきていたが、費用がかかり面積も必要で、整備する数が限られてしまう。まずは一般のトイレについて、集会所などはまだ和式が主流であったので、今後の高齢化を考慮して、洋式化を進められないか質問した。

これに対する答弁は、

平成17年　第一回定例会　代表質問
◇答弁　区長
一般トイレの洋式化についてのお尋ねがございました。区施設の一般トイレの洋式化については、施設の新築、増築、あるいは改築のときに取り組んでいるところでありますけれども、平成16年度は、11の区施設で取り組みまして、この施設の一般トイレの約3割に当たる121か所を洋式化しました。今後も各施設の意見、利用状況を勘案しながらトイレの洋式化に取り組んでまいりたい、かように思っております。

積極的ではないが、改修のタイミングで洋式トイレに替えているということである。

その後、学校のトイレの改善についても合わせて要望を進めてきた。平成19年の第一回定例会の予算総括質問では、志村第五中の事例を引き合いに、学校のトイレの改善について必要性を提起し、優先順位を上げるように求めた。

その学校では、この質問の直後の4月から車いすの生徒が入学をする予定になっていた。1年生の教室は3階になるが、エレベーターが無い。そこで、その生徒は階段のところに車いすを停めて、手すりを使って自力で3階まで上がり、3階にまた別の車いすを置いておいて乗り換えて、それから教室に行くことになるということだった。

ところが、車いす対応のトイレについては、3階の1か所だけしか区は改修をしてくれないという話であった。中学生の場合、教室を移動する機会が増えるが、車いすの生徒がトイレに行く時は、3階まで戻らなければならないということである。他の学校との整合性もあるかもしれないが、せめて各フロアに1か所ずつぐらいは車いす対応のトイレを作る必要があり、必要によってはエレベーターをつけなければならないのではないかと質問した。

これに対する答弁は、

平成19年　第一回定例会　予算審査特別委員会総括質問

◎答弁　教育委員会事務局次長

確かに、3階にしかございませんで、1階、2階の特別教室に行くとき、これは課題だというふうに思っております。今年の夏季休業中には実施する予定でございますが、それまでの間、ご不自由をおかけしますが、洋式トイレがそれぞれの階にあります。パイプ等もありますので、そこで暫定利用をお願いしたいというふうに考えております。

トイレの改修等については大規模改修時、だれでもトイレの新設、トイレの全面改修を実施しております。またトイレの洋式化については、各階男女トイレの整備を進めているところでございます。

その学校だけでなく全校のトイレ一般論として、やはりイメージは、汚い、暗い、臭いとなっている。昔はいじめや喫煙の温床になる場面も多かった。

こうしたトイレの状況の改善を求めて、ニューヨークのジュリアーニ元市長が採用した「割れ窓理論」を引用して質問した。つまり、きれいなところは汚したりしなくなる。とにかくきれいにして、次の破壊行為や汚す行為を行わせないようにする。学校のトイレについてもできる限り早い段階で、美化の推進、洋式化を含めた設備の改修を進められないか尋ねた。

これに対する答弁は、

◎答弁　教育委員会事務局次長
確かに、改修もこれから極力進めたいと思います。また、改修の際には明るいトイレをつくるということ、それから各学校には清掃を小まめにするように指導していきたいと思います。

また、これ以外の状況で改善が必要な学校があれば、一挙に早めるというのはなかなか難しいんですが、個別的に改修を行うなど対応していきたいと思っております。


平成19年度は空調機器を導入し冷房化を実施し、大規模な予算を使った年であったので他に手が回らないということも分かる。しかし学校の関係者からトイレの改修は早くやって欲しいという希望は多い。積極的に進めて欲しいという思いで質問をしてきた。

この結果、平成25年度に国からの支援が出ることになって、学校トイレの洋式化が予算計上された。

一か所とか、一つの便器が交換されたとかではなく、全学校の各フロアの一か所ずつ（3階建てなら3か所）を、洋式化することになった。更に国の補助金の要件としてドライ化というおまけ付きとなった。日頃から要望し提案していたことで、たまたま国の支援制度ができた時に一気に進めることができた例である。

引き続き以下のように、区の施設や公衆トイレ、更に学校体育館のトイレについても拡大して改善を求めている。単年度ですぐには実施できないが、確実に板橋区のトイレの改善は進められている。

平成25年の第二回定例会の一般質問では、学校トイレの洋式化が予算に計上されたことを受け、今後は学校だけでなく集会施設、児童施設、高齢者施設など、出先機関を含めた区の施設全般に対して状況を調査する一斉点検を行い、必要なところから随時洋式化を進めていくことを要望して質問した。国や都から財政的な支援があるかどうか、動向についても十分にチェックしながら、支援策が出たらすぐに取り組めるように準備をしておくことが必要だからだ。

また、公園などの公衆トイレについても、古いところや汚いところから衛生面での改善や改修等の要望は常にある。「だれでもトイレ」への更新も必要であり、今後の建て替えや新設などの方針はどのようになっているか質問した。

これに対する答弁は、

平成25年　第二回定例会　一般質問

◇答弁　区長

トイレの洋式化促進に関連しまして、区民施設のトイレについてのご質問であります。

区民施設につきましては、今後トイレの洋式化の状況調査を行う予定であります。その後、調査結果と各施設の要望を勘案しながら、トイレの洋式化への取り組みを進めてまいりたいと考えています。来年度以降の国の同様な補助金につきましては、情報収集に努め、有効に活用してまいりたいと考えています。

最後のご質問であります。公園など公衆トイレについてのご質問であります。

区内で238か所ございます公園・公衆トイレにつきましては、都の補助金を活用して、誰もが使いやすいトイレへと改築を進めておるところでありまして、現在、80か所のトイレの洋式化がなされているところであります。また、清掃やトイレットペーパー補充等の衛生管理につきましては、週に3回から14回まで、使用頻度に応じて実施をしているところでありまして、一定の衛生状態は保たれていると考えています。

今年度、4か所のトイレの改築・補修を実施し、来年度以降も同程度のトイレにおいて計画的に改築・補修を進めていくことから、東京都の補助金についても申請をしてまいりたいと考えています。

区の施設のトイレ及び公園等の公衆トイレの改修に向けて、比較的前向きな答弁を得ることができた。

続いて、体育館のトイレについても、平成27年の第三回定例会の一般質問で取り上げている。この頃にはすでに、校舎内のトイレは洋式化やドライ化が一定程度進んでいた。しかし、体育館のトイレの整備は進んでいなかった。放課後や休日の使用（施設開放）もあり、また災害時には避難所となる施設でもある。つまり、子どもたちだけでなく高齢者を含めたあらゆる年代の人が体育館には出入りする。こちらも洋式化を進めるべきだろうと質問した。

これに対する答弁は、

平成27年　第三回定例会　一般質問

◇答弁　教育長

体育館トイレの洋式化の進捗状況と今後の方向性についてのご質問ですが、（中略）学校体育館が指定避難所や選挙の投票所等で利用することからも洋式化を進める必要があり、平成26年度では7校を洋式化しました。平成26年度末で小学校52校中25校、中学校23校中12校の計37校が洋式化されておりますが、残る学校の体育館についても、洋式化の実現に向けて計画的に取り組んでまいります。

今後は体育館の改善が必要

体育館のトイレの洋式化は計画的に取り組むという答弁を得た。校舎の改善についてはかなり方向性が定まってきたので、次は体育館の番だ。

体育の学習で使うのはもちろんのことだが、式典や地域行事、選挙の投票所、地域団体などへの施設開放事業としても利用されている。校舎は原則として児童生徒だけが使用するものであるが、地域住民からすると体育館の方が馴染みがある場合があり、使用頻度も高い。つまり校舎と違って、高齢者の利用可能性が高い。

そして何と言っても災害時の避難所となる施設である。トイレの改善だけでなく、当然のことながら耐震化が必要であり、更には冷暖房の需要や、電力の省エネ化なども進めなくてはならない。

耐震化が完了した後は、トイレの洋式化とともに、冷暖房設備の設置とＬＥＤ化を要望してきた。

平成20年　第三回定例会　決算に対する討論

◆佐藤討論（抜粋）

（学校の）改築・大規模改修・耐震補強など震災対策について前倒しをして実施していることは評価をいたします。今後はこれに加えて、特に体育館は避難所として重要な機能を持ちますので、教室と同様に冷暖房の設置を促進するよう要望いたします。

しばらく経った平成27年には、第三回定例会の一般質問において暖房器具の設置やLED化を求めて質問した。この頃になると、「あいキッズ」が全校で実施され、体育館は土日の地域イベントや施設開放事業だけでなく、放課後の使用機会も増えていた。

冷暖房の空調機器が取り付けられればベストだが、これまで区は体育館については暖房のみを優先して取り付けていた。全校の体育館に暖房が設置されていれば良いのだが、暖房化の動きは非常に遅く数十年もかかっていたので、その進捗状況と今後の方向性を質問した。

そして、体育館照明のLED化については、それまで体育館に主に使われていた水銀灯と比べ、使い勝手の向上、電球の長寿命化、電力使用量の削減、災害時の危険性の低減など、様々な効果が期待できる。私はLED天井灯の導入を提案するにあたり、教育とも環境とも防災とも違う視点から尋ねた。

実はこの前年、産業振興施策の一つである、優秀な区内産工業製品を表彰する「板橋区製品技術大賞」という事業において、「LEDパネルライト」という商品と製作企業が最優秀賞を受賞していた。この企業は、まぶしさ対策を施した体育館のLED天井灯を既に開発しており、他の自治体や大学の体育館に納入実績もあった。板橋区が自ら選んだ製品技術大賞の受賞企業の製品を率先して使用して、アピールすべきではないかという質問をした。

これに対する答弁は、

平成27年　第三回定例会　一般質問

◇答弁　教育長

体育館の暖房化については、大規模改修工事中の学校を含めると、平成28年度中に小学校52校中26校、中学校23校中6校の計32校への整備となります。暖房化については、ガス配管の敷設や長期間の工事等を伴うため、今後も改築や大規模改修にあわせて計画的に整備してまいります。

次に、体育館照明のLED化についてのご質問ですが、体育館の照明は改築、大規模改修のほか、毎年3校程度、計画的に改修しており、平成26年度からはLED化に切り替えているところです。現在実施中の体育館等の非構造部材耐震化工事で、LED化する学校を併せて、今年度末に小学校10校、中学校4校の計14校がLED化される予定であり、今後も積極的にLED化を進めてまいります。

板橋区製品技術大賞の受賞企業などの区内企業が開発したLED照明について、先行導入している自治体を視察し、区立学校への適合や導入経費など、採用の可能性について営繕担当部署と連携して検討を進めてまいりたいと思います。

続いて、平成30年には、第三回定例会の決算総括質問において、体育館の冷房化を含めた暑さ対策を要望する質問をした。ただ、先の答弁の通り、暖房化だけでも数十年かかって設置率50％に満たない状況を考えると、冷房化は簡単ではないだろう。そこで、空調機器の設置までの間、暫定的な措置として大型の扇風機、スポットクーラー、断熱・遮熱の塗装などを含めて進めて欲しいと要望した。

これに対する答弁は、

平成30年　第三回定例会　決算調査特別委員会総括質問

◎答弁　教育委員会事務局次長

体育館の冷房設置につきましては、すぐにというわけにはいかないというふうには考えておりますけれども、今、学校の令達予算の中で扇風機ですとか冷風機とか用意している学校もございます。

そういったところの取り組みを教育委員会としても応援をして、児童・生徒の活動が夏の活動について有意義に過ごせるように、取り組んでいきたいなというふうに思っております。

これらの質疑答弁について補足して解説しておく。

まず、ＬＥＤ化について。

板橋区は23区内でも工業が盛んな区であり、産業振興課などが中心となり「産業見本市」や「製品技術大賞」などの事業を実施している。区内でLEDの体育館の天井灯を開発・製造している企業があり、区は自ら製品技術大賞として表彰している。にもかかわらず、教育委員会は天井灯を大手企業に受注生産で発注しており、金額が高くてなかなか切り替えできていないという実態があった。（この点については、商品を紹介しない産業振興課も悪い。）

利便性と省エネと安全性と、更に産業振興まで一度に取り組める要素があるのに、情報共有できていない行政に対して嫌味を述べつつ改善を提案したということだ。

そして、体育館の冷暖房化について。

暖房については長い年月をかけて半数近い学校で設置がされてきた。しかし東日本大震災以降、暖房だけでなく冷房を設置しないと避難所としての機能を発揮できないのではないかと言われている。もちろん、酷暑が続く近年、夏場の体育の授業のためにも冷房は必要だ。こうした課題から、今後は暖房ではなく冷暖房を設置するということに方向性が示された。そして議会からの質問・要望を受けて、計画的な冷暖房設備の実施を行うということが決まった。

令和2年度現在で、小中学校合わせて35校にまで設置が完了している。令和3年度には、新たに32校に設置をする予定で、体育館の改築予定がある学校以外はほぼ設置が完了する。

全校での設置に向けてまさに計画が動いているところである。

学校施設の整備については、ここ数年はかなりの予算をかけてスピードを上げて進めている。熱中症対策、環境負荷の軽減、防災対策など、社会情勢の変化や他の政策との連携・整合性に、教育委員会もようやく反応してきたと言える。

第五章　学校の職場環境の改善

ご存じの通り学校の現場は、やるべきことが多すぎてかなり逼迫している。メディアでさんざん報道されているのでここでは詳細は割愛するが、教員の残業過多や、管理職の業務量の集中が問題になっている。まずは学校と教員の負担軽減を行い、より良い職場環境を作っていくことが、より良い教育環境を作るために必要となる。

そのために提言したことをいくつか挙げていきたい。

教員が足りない

教職員の定数は、都道府県の条例によって定められている。原則、学級数を基に算出される。これは長年ほとんど変わっていないが、最近は教員が足りないと言われ続けている。

教員の役割の増加（特別支援等）、保護者対応の増加（いわゆるモンスターペアレンツ等）、メンタルヘルス不調者の頻発、小1プロブレム・中1ギャップなど、要因は様々ある。東京都では近年の教員志願者は応募倍率が3倍にも満たないため、優秀でタフな教員の採用ができていないとも言われている。昔と比べて良い点も悪い点もあるとは思うが、現状として教員の負担が増えていて、たいへんな環境であるということは理解すべきだろう。

こうした状況を踏まえ、学校の設置者である地方自治体は改善策を施さなければならない。法的に人数が足りているはずだから、その中で勝手に運営せよというわけにはいかない。各自治体が知恵と予算を絞り出して、教育環境の改善を進めている。その陰には、議員からも先進事例や現場の声を拾い上げて、様々な提案を行っているということがある。

補助教員、少人数学習

今ちょうど政府では、小学校における35人学級への移行を進めている。しかし都道府県によってはすでに35人学級を独自負担で実施しているところもある。例えば東京都では、小学1・2年生については35人学級を実施している。国が後から追随する格好だ。非常に良い改善だと思う。

30人学級を支持する人たちもおられるようだが、制度的に考えると、もし31人の学年があったとしたら、15人と16人の2クラスに分けられることになる。学習という点においては少人数で良い面がある一方、係活動やグループ分けなどで柔軟性を欠く可能性があり、また音楽や体育などではある程度の人数がいた方が効果が上がる場合もあり、当面は35人学級という制度が適しているのではないかと考える。

もし35人では授業する単位として大きすぎるというのであれば、補助教員を配置したり、科目によっては分けて少人数で授業をするなどの工夫が考えられる。実際に多くの自治体で補助教員等を入れて少人数授業などを実施している。

実施に際しては大きく二つの課題がある。

一つは、予算について。都道府県の条例に基づいた配置の教職員については都道府県の予算で人件費をまかなうことになるが、地方自治体が独自に加配する場合は当然のことながら自治体が人件費を負担する。

もう一つは、人材の確保である。先述の通り、教員の志願者が減っている。常勤で公務員になる正規雇用ならまだしも、非常勤や臨時職員としての教員は、担い手が更に少ない。非常勤や臨時職員では、給与や待遇と、労働力がマッチしていないことが考えられる。

当選して間もない平成16年、初めて文教児童委員会という常任委員会に配属させてもらった時、第三回定例会の決算委員会文教児童分科会において、この補助教員について質問した。まずスクールヘルパーの派遣、配置に関する規定について、要望すれば必ず派遣されるのか、労働条件はどうなっているか。それから同様に少人数指導講師についてはどうなっているか。

これに対する答弁は、

平成16年　第三回定例会　決算調査特別委員会　文教児童分科会

○答弁　指導室長

スクールヘルパーは前期、後期に分けまして、（中略）生活指導や学級の適応に問題のあるお子さんがいる場合、学校からお話を伺いまして、限られた数のスクールヘルパーをどこに配当するか、指導主事の方で学校にお伺いして、実際に子どもの様子を見て、学校の中でなかなか教職員の努力では解決できないようなところに重点的につけております。なお、この要望大変多いので、毎日原則として配置するんですが、それができない場合は1週間、月曜日から金曜日の5日間のうち月水金はある学校、火木のあいたときは別の学校というような、ワークシェアリングをするような形で何とか要望にこたえるように努力しております。

続いて、少人数指導講師ですが、これは平成15年度途中から発足した新たな事業でございますが、小1プロブレム等に対応するため、学級人数が36人以上いる小学校1年生の学年に1人、先生を配当するというものです。

こちらの少人数指導講師もスクールヘルパーも、雇用条件は同じでございます。時給、1020円、1日6時間から8時間の勤務ということですので、資格としては教員免許保持者ということで、教員に準じる資格です（中略）。

まさに補助教員の制度が始まったばかりの時期であった。しかし要請が多くて足りていないという答弁だったので、何が問題なのか、予算がつけば派遣は可能なのか尋ねた。

これに対する答弁は、

○答弁　指導室長

予算がありましても、今は大変教員の採用枠が広がっておりまして、採用試験に受かる方がたくさんいるために、今やっていただいている方も、今回の採用試験に受かって来年４月から採用されてしまうというふうな場合もあるんですね。ですから、大変人材確保は難しくなっております。

つまり、教員免許を持っていて区の学校で臨時職員として働きながら、常勤を目指して採用試験を受験する者が多いということだ。教員免許の有資格者を時給１０２０円で雇っているのだから、当然、好待遇を求めて就職活動するだろう。

人材確保は難しくても、好評で成果が上がり、学校から必要とされているのであれば、例えば1年生のみではなく低学年には全て配置するなど、拡大する方策を考えるべきだろう。今後、教職員の確保について待遇なども含めて工夫しなければならないと指摘しておいた。

そしてこの質問で明らかになった補助教員の待遇の改善を求めて、平成19年の第三回定例会の決算総括質問において、具体的に質問をした。

当時、スタディーサポーターの待遇について資料を読んだところ、板橋区では臨時職員という扱いになっていた。勤務日数が月20日上限、1日6時間、時給が９００円から１０２０円であった。時給１０００円換算で単純計算すると、１日の給料が６０００円で、月額12万円である。これでは、専業では生活できない。

しかし、お隣の北区では非常勤職員という扱いになっており、時給換算すると2600円。一日当たり5時間働いて1万3000円となっていた。金銭面では倍以上の待遇である。普通に考えれば、板橋区でスタディーサポーターをやるくらいなら、北区で非常勤職員として学校に勤めることを選ぶに決まっている。他の自治体でも、非常勤職員という扱いになっている区があった。臨時と非常勤でこれだけの差が出てしまうのである。

もう一つ待遇の問題点として、板橋区の臨時職員は、契約期間が6か月になっていて、1回に限り更新できることになっていた。つまり、最長1年しか働けないのである。その後、半年以上の待機期間を空けないと次の契約ができないというルールになっていた。これでは求人しても集まらない。小学校では当時、だいたい2年間同じクラスで運営してクラス替えとなっていた。学校に合わせて2年間は働けるようにするのが妥当ではないか。スタディーサポーターの待遇改善についてどのように考えているか質問した。

これに対する答弁は、

平成19年　第三回定例会　決算特別委員会総括質問

◎答弁　教育委員会事務局次長

スタディーサポーターについてのご質問でございますが、まず現状でございますけども、現在、板橋区立の学校の1校に1人という形で原則配置をされておりまして、現在100人が雇用されております。ただですね、今、委員さんがおっしゃられたように、板橋区の場合は実はスタディーサポーターの身分というのは臨時職員でございます。それがありますので、先ほどご指摘いただいたように、6か月から1年、これは更新1回だけと、またその次は半年あけなきゃいけない、こういった弊害がございます。時間単価につきましては、委員さんのご指摘のとおりで、また北区につきましては何で時間単価が2600円と高いかということになりますと、北区の場合は非常勤職員という、要するに身分、処遇が違います。板橋は臨時職員、北区は非常勤職員です。

こういうこともありますので、私どもとしてはですね、今後は非常勤化をやはり検討しております。こうしませんと、優秀な人材を確保できないというところがございまして。あと、非常勤化をすればですね、その臨時職員と違いまして期間の定めというのが6か月という、そういう制約はなくなります。ですから、ご指摘のあるように、クラス替えがなされるまでの間は同一のスタディーサポーターでの担当が可能であると、そういったことから安定したクラス運営にも資すると、こういうこともありますので、ぜひとも板橋区も今後は非常勤化を目指してですね、力を添えてまいりたいというふうに思っております。

私と共通の問題意識で一致した。解決策についても私の指摘を踏まえてかなり踏み込んだ答弁だった。

なかなか優秀な人材がそろわないという話があったので、杉並区では当時「杉並師範館」と銘打って、独自に教員の募集と育成を行っている事例を紹介した。板橋区でも非常勤化をしていくということであれば、優秀な人材を確保し、スキルや質の向上に向けた人材の育成にも力を入れなければならないということを尋ねた。

これに対する答弁は、

◎答弁　教育委員会事務局次長

いろいろな方法があろうかと思いますが、1つは先ほど申しましたように非常勤化ということがありますけども、区としては供給先をきちっと確保してもらうということでですね、近隣の大学に募集案内を持参をして説明して、大学からの理解を得ながら優秀な人材の継続的確保というものに努めてまいりたいというふうに考えています。ちなみに、この近隣の大学としましては、大東大だとか東京家政大、またちょっと離れてますが東洋大とか東京理科大の方にも説明に伺ってると、こういう次第でございます。

教員免許を取得したが採用先が見つからなかった、もしくは常勤雇用を希望しない学生の確保に動き始めているということが分かった。ただ、大学の新卒であれば一般的には常勤の教員を希望する学生が多い。もし非常勤で採用しても、常勤の採用先が見つかれば辞めてしまう。そこで、平成20年の第一回定例会の代表質問において、更なる人材確保について問うことにした。

実はこの年から、スタディサポーターを臨時職員から非常勤職員に変更するという待遇改善について、早速予算に反映されていた。これによって待遇はどの程度改善されるのかということを質問した。

また広く教員の人材を求めるため、教員免許を持たない人に「特別免許」を与えて採用する制度を活用している自治体も出て来ていた。都内では千代田区が英語の教員などでこの制度を活用していた。板橋区では優秀な人材確保について、どのように進めていくのか質問した。

これに対する答弁は、

平成20年　第一回定例会　代表質問

◇答弁　教育長

18年度、19年度、臨時職員としてスタディサポーターを学校に派遣しておりましたが、20年度からこれを非常勤職員化いたしまして、学習指導講師として全校に派遣することになっております（中略）。

臨時職員から非常勤職員になることで、原則として雇用期間6か月を更新しても、今までは1年限りのものでございましたが、今後は継続して雇用できることとなります。また、報酬につきましても、約50%のアップを予定しているところです。そのほか、年次有給休暇や慶弔休暇も付与されるなど、処遇の面で改善を予定しております。

次に、その人材確保についてでございますが、学習指導講師の募集につきましては、「広報いたばし」やホームページで広く広報するとともに、近隣の大学だけでなく、地方の大学にも募集要項やポスターを送付しまして、優秀な人材の確保に努めているところでございます。

次に、特別免許の教員採用についてでございますが、教員免許を持たない人に特別免許を与えて、授業の一部を正規の教員として採用する制度を活用している教育委員会があることは承知をしております。現在、多くの板橋区の学校では、専門知識を有する者が授業に入りまして、より質の高い教育活動を行うために、外部講師や企業等の出前授業などを活用しているところでございます。本区としては、今のところ、特別免許による教員採用は考えておりません。

このように、板橋区では当初、臨時職員（アルバイト）でスタディサポーター（補助教員）を雇っていた。

私は実際に、あるスタディサポーターの方から、現状や課題を直接伺うことができたので、具体的な現場の声として非常勤化による待遇の改善と雇用の安定を求めて質問してきた。結果としてこれは実現し、令和3年現在では「学習指導講師」と名前を変えて制度が維持拡大されている。これによって、学級運営のサポートや少人数授業の実施など、成果が上がっている。

しかし、その後も人材の確保には手を焼いている。各自治体が臨時職員待遇を非常勤化へ進めていることで競争も激しい。いずれは、教員免許が無くても、研修を受けた者が指導現場にアシスタントとして入ることになるであろう。コミュニティスクールを突き詰めていくと、地域の人材や保護者がこういった役割の担い手となっていくのかもしれない。

大規模校対策（副校長2人制、養護教諭の増員）

これまでの章で、学校の統廃合を話題としてきた。確かに少子化の影響で子どもの数自体は減少傾向であり、小規模校の存続や合併ということが問題になってきた。どのように児童生徒を増やして存続するか、逆にどのように地域と円満に合併話を進めるかなど、小規模校対策は多くの議員が取り上げ、対応を求めてきた。

しかし、都内ではその逆の現象が起きる場合も実は多い。工場跡地に大規模マンションが建設され、急に数百世帯という単位で人口が増えることがあるのだ。新築マンションには住宅ローンの返済期間の関係上、新婚世帯などの30代世帯が比較的多く入居する。そうなるとその後10～20年間は小中学生が多く住む環境となる。

人口や子どもの数が増えることは喜ばしいことなので、議会で取り上げられることはあまりない。しかし私は学校の児童生徒数が増えることで喜んでばかりはいられないということをしばしば取り上げてきた。「小規模校対策」という言葉はあるが、「大規模校対策」という言葉を使っていたのは私くらいしかいなかったのではないかと思う。

どんな課題があるかというと、まずは学級の人数が40人に近くなりやすい。現行の40人学級制度だと、例えば学年で120人だとすると40人の3学級になる。一人増えて121人になると学級数が増えるがそれでも30人・30人・30人・31人の4学級で、どちらにしても30人を下回ることが無い。クラスの人数が多ければ、まとまりづらくなるリスクは高くなり、教員一人ひとりの負担も増える。

他には、児童生徒の数に対して管理職の割合や養護教諭の割合が低くなる。校長は学級数が増えようが児童生徒数が増えようが、原則1名と決まっている。これに対し、副校長は小学校では27学級、中学校では30学級になると2人目を配置できる。また養護教諭は小学校では児童数851人、中学校では生徒数801人になると2人目を配置できる。

逆にいうと、学級数や児童生徒数がこのラインを超えないと1名のままなので、全校生徒が100人の学校も、800人の学校も、副校長と養護教諭は1名となる。

副校長は学校運営だけでなく、地域との関係作りや、PTA対応などを最前線で行っており、激務の日々となっている。これを見ている教員は、副校長の苦労が分かっているので、管理職試験を受けず、管理職の成り手がいないという状況に陥っている。

また養護教諭についても重要性が高まっている。昔はケガや病気の時に保健室に行くと養護の先生がいて優しくしてくれるというイメージであった。しかし最近では不登校の対応や、発達障害への対応、子どもたちのメンタルヘルス管理、保護者によるネグレクト等の虐待対応など役割が増え、学校中を動き回っていることもある。

こうした大規模校におけるマンパワー不足を解消するために質問して改善を求めてきた。平成23年の第三回定例会の決算総括質問では、まず杉並区で一部実施されている副校長2人制を提案した。これまで学校の経費を削減する話ばかりで、管理職を増やそうという議論はされていなかった。しかし例えば、地域や保護者の対応など渉外的な役割の副校長と、学校内の事務を担当する副校長と、分担ができれば非常に効率が良くなる。全校では難しいだろうから、大規模校から行って欲しいという要望をした。

これに対する答弁は、

平成23年　第三回定例会　決算調査特別委員会　総括質問

◎答弁　教育委員会事務局次長

（中略）事務量軽減対策といたしまして、副校長に対してですね、都の教育委員会でも昨年度から調査研究しております。１つは、モデル的に副校長を補佐する、これは事務の職員ですけれども、これを配置をするというようなことを私どもの区内でも１校やっております。

それから、都から学校等に対する調査報告類が大変多いわけですけれども、これらを全部今、洗い出しをして見直しを行っているということで、区もそれに準じまして、それらの調査報告等の洗い出し、それから、それを軽減しようというようなことを行っております。区単独で副校長、事務職員を増員するというのは財政的なところからも、なかなか難しい面もあろうかとも思いますが、今回、都教委でもこういうことをやっておりますので、こうした結果を注視してみたいというふうに思っております。


管理職は地域対応など土日に駆り出されたり、事務以外の仕事も多い。そういったところをフォローできるような体制作りというのを率先してやって欲しいと要望したが、なかなか進展が見られないので、引き続き平成26年の代表質問でも取り上げた。

先述の通り、大規模校になるほど1学級が大人数になり、教員の目が行き届かず、学級崩壊やいじめなどが発生しやすくなる。当時、小学校1、2年生と中学校1年生でのみ35人学級が実施されていたが、独自の教員採用をしてでも全学年で35人学級を目指すべきではないかということを要望した。

しかし独自の教員採用が難しいのは充分承知しているので、常勤の教員ではない職員体制での充実を、特に大規模校において要望した。

1つ目は、改めて副校長2人制、もしくは副校長補佐の事務職の配置。都費の正規の副校長には学級や子ども、保護者と向き合う時間を増やし、書類作りなどの庶務的な役割のための職員を増やせないか。

2つ目は、学級数に応じて非常勤の学習指導講師の加配を行っていたが、16学級以上で3人という上限になっていた。これを例えば18学級以上ならば4人、20学級以上ならば5人など、大規模校対策として拡大できないか質問した。

これに対する答弁は、

平成26年　第一回定例会　代表質問
◇答弁　教育長
教職員の体制の充実、独自の教員採用についてのご質問です。

東京都の小・中学校の学級規模は、小学校1・2年生、中学校1年生が35人学級編制、他の学年は40人学級編制となっております。（中略）教員の人事管理は都が行っておりまして、区独自の教員採用は区固有職員となりますので、採用された教員の管理職への昇任や他区への異動ができないなどの課題があり、現行の都に人事権がある制度では、考えていないところでございます。

次に、大規模校の副校長の負担軽減についてのご質問です。副校長の業務は多忙を極めているところでございますが、（中略）区内の現状の学級規模では副校長の2名配置は難しいところでございます。副校長の事務を補佐するため、東京都では従来から配置をしておりました退職教員である非常勤教員の職務内容を来年度から「副校長の補佐等」という名称に改め、これまでどおり授業の一部を担当させながらではありますが、副校長の負担軽減を図っていくこととしております。（中略）

次に、非常勤教員の増員についてのご質問です。

現在、区費採用の非常勤講師である学習指導講師を学級数に応じて配置しており、大規模校には2名または3名の学習指導講師を配置しております。今後、児童・生徒のさらなる学力向上や各学校の状況に応じて学習指導講師の増員について取り組んでまいります。

このように、基本は東京都の配置拡大を期待するだけという、なかなか厳しい答弁だ。更に2年後の平成28年の代表質問でも、置き去りにされてきた大規模校への対策を再度要望をした。

ちょうどその頃、工場跡地への大規模マンション建設が区内で幾つも発生していた。完成後まもなくその地域の学校がいっぱいになってしまうという状況が生まれていた。既に小学校7校が、区が定める適正基準18学級を超えており、また4校で校舎の増築を予定していたのだ。

また、中教審の答申案では、事務職員が学校運営面で校長を補佐する役目を担えるようにするなどの方針が打ち出されたこともあり、管理職の業務増加は全国的に課題となっていた。

こうした中、大阪府堺市では、副校長2人制を目指し、民間人から公募をすると発表した。板橋区でも大規模校に対して副校長の加配、もしくは校長や副校長の補佐の専門事務職配置を進めるべく質問した。

更に、養護教諭についても、2人目の配置基準はハードルが高すぎると意見を述べた。600人、700人という児童を1名の養護教諭で対応するのは困難であり、非常勤などを含め加配をすべきと要望した。

また大規模校では、いじめ、不登校、授業の妨害など、発生する問題の絶対数が多くなる。学習指導講師の配置基準の見直しをして、学級数や児童生徒数に応じた配置を求めた。小学校は各学年が3～4学級程度、中学校は各学年が5学級以上の学校では、各学年に1名くらいは配置できるように拡大した方が良い。

それから新たな課題として、教員の休職が増えているという問題が出てきた。更に、教員の休職が発生した場合、なかなか次の採用が決まらないのである。区内のある学校では、教員のストックのリストから200人以上電話をかけて、数ヶ月かかって、ようやく次の採用が決まったということがあった。

それに、新たな教員が見つかって来たとしても、埼玉県では臨時の担任になることができるが、東京都は講師としての採用となり担任ができない。休職教員が発生した場合、都や区ですぐに手当てをできる体制が整っていなかった。区で非常勤として採用している学習指導講師の中からも、人材ストックの工夫をする必要があるのではないかと質問した。

これに対する答弁は、

平成28年　第一回定例会　代表質問
◇答弁　教育長

大規模校への対策について、副校長の負担軽減についてのご質問ですが、東京都教育委員会の副校長の複数配置基準は29学級以上となっているため、区内の小中学校に加配をすることはできません。（中略）非常勤教員の第1番目の職務に副校長補佐作業を加え、退職した教員を充てるなどの改善を図っています。非常勤教員については、小学校では新規採用者のいる学校、中学校では正規教員だけでは対応できない授業時数のある学校に配置することになっていますが、できる範囲で大規模校にも配置していこうと考えています。

また、事務職員の増員は難しいため、事務職員の力を活かし、分掌事務を見直し、経営支援部を立ち上げ、チーム学校を推進し、副校長の負担の軽減を図ってまいります。

次に、養護教諭の加配についてのご質問ですが、養護教諭の定数は東京都教育委員会の基準で25学級以下の場合は1名、26学級以上の場合は2名となっています。区での加配については、（中略）人材の充当がないため加配することは困難な状況でございます。

次に、学習指導講師の配置基準の見直しについてのご質問ですが、（中略）平成27年度には確かな学力の育成に向け、定員を154人から183人に増員したところでございます。配置にあたっては、各学校園からの配置希望に基づき、学級数と学力向上の取り組みや課題の状況によるバランスを考慮して、学校ごとに配置人数を決定しています。学習指導講師のさらなる増員については、適正な人材を必要数確保するという面で困難であると考えています。

次に、教員が休職となった場合の速やかな補充の体制づくりについてのご質問ですが、休職した教員の補充については東京都教育委員会が名簿を持っており、基本的にはその名簿の中の人材から任用する仕組みになっています。しかしながら、欠員が生じた時期や期間、さらに教科によりましては、すぐに補充の教員が見つからない場合もあるのが現状です。今後も、東京都教育委員会に対し補充教員の確保の充実を強く要望してまいります。

なお、学習指導講師の定数の充足が困難な状況ではありますが、学校に欠員が出た場合は補充教員としての資格を持つ学習指導講師を該当校に紹介しております。

基礎自治体としては、都道府県の定員を超えて正規の教員を配置することを嫌がる。これは、単なる人件費の問題だけでなく、評価・昇進などが都道府県のレールに乗せられないため長期の雇用が難しいという課題もあるようだ。

そこで、非常勤を増やすという形でなんとか繋いでいる。先述の通り、人材確保は難しい課題だが、働き方改革の中で常勤の終身雇用ではなく非常勤を望む方も増えている。学習指導講師などの人数は着実に増やすことができてきた。

しかし抜本的な改善をするためには、やはり法律と都道府県の条例を変えて、教職員の配置の基準を緩和することが必要かと感じる。小学校の全学年35人学級化に加えて、管理職、養護教諭、事務職員の増員などが、今後国政で議論されることが望まれる。

校務支援システムの導入

私が議員になったばかりの平成十年代後半は、学校のＩＣＴ化は非常に遅れていた。民間企業がとっくに一人一台パソコンを支給している時代に、職員室では一台のパソコンを数人で使いまわしていた。家に仕事を持ち帰って自宅のパソコンで資料を作成するのも当たり前だった。しかし、個人情報管理の徹底ということもあり、データの類は校外持ち出し禁止である。たいへん効率の悪い状況が続いており、学校の教員からは早く校務支援システムを導入して欲しいという声が方々から聞こえていた。特に、通知表の作成・管理がたいへんだという話が多かった。どれだけアナログなんだと驚かされた。

それが令和に入ると、ギガスクール構想が実現するところまで進んできた。この十数年間で隔世の感がある。

この問題についても何度か議会で取り上げてきた。まずは平成23年の第三回定例会の決算総括質問において、教職員が使うPCのソフトの予算と、統一したシステムの導入を求めた。

それまで、成績ソフトなどをリースしたり更新する場合などは令達予算（各学校で自由に使える予算）で購入していた。しかし、業務の効率化のために自由度の高い令達予算を充てるのは、趣旨にそぐわないのではないか。本来は教育委員会で一括購入して全校統一したソフトを導入するべきであろう。

また、校務システムについても、早急な導入を求めた。品川区の学校に視察に行った時には、その学校では職員会議はやってないと言っていた。その日起きたことや報告すべき内容をシステム上に書き込めば、他の教員全員が見えるようになっていて、集まって意見交換をする時間を作らなくてもネット上でちゃんと情報が共有ができるようになっていた。その分、事務量が減って、他のことに時間を振り分けることができるのだ。教員の時間の確保、事務量の削減と先に述べた令達予算で負担させることについて、どう考えているのか質問した。

これに対する答弁は、

平成23年　第三回定例会　決算調査特別委員会総括質問

◎答弁　教育委員会事務局次長

最初に、ソフトの更新を学校令達予算で購入しているがというお話がございました。（中略）ソフトウエアの購入に当たりましては、これまでも同種のソフトウエアを数多く購入する場合などには、教育委員会で一括して購入処理を行ってきております。今後も内容を精査した上で、より効果的で有利な方法を採用してまいりたいと思います。

それから、校務支援システムのお尋ねがございました。早期導入をということでございます。ご指摘のとおり21年度末に教員1人1台パソコンというのを配備を終えております。（中略）グループウエアによる情報共有機能等々はできません。したがいまして、出席、成績、学籍の管理など、校務処理機能というのは現在ない状況にございます。

今後、校務支援システムの導入というのを私どもも進めたいというふうに思っておりまして（中略）平成26年度にこの校務支援システム導入を目指して検討を進めているところでございます。

校務支援システム導入に向けた第一歩となる質問になった。現場の悲鳴や要望が、議会を通じて行政に伝わり、改善に向けた取り組みの検討が始まった。

しかし答弁で目指すと言っていた平成26年度導入には間に合わなかったので、その年の第四回定例会の一般質問で改めて尋ねた。

独自にローカルシステムを持っている学校では、いまだに令達予算の中から委託費を出して業者に依頼するなどの負担が発生していた。校務支援システムを早期に導入するのは教育委員会の責務として当然のことであり、単なる成績やデータの管理だけでなく、教員同士の意思の共有、指導技術や教材の共有、スケジュールの共有、問題課題についての共有など有用な活用ができる内容にするよう求めた。改めて導入スケジュールや考え方を質問した。

これに対する答弁は、

平成26年　第四回定例会　一般質問

◇答弁　教育長

校務支援システムを導入するに当たりましては、校務処理の効率化と教員の事務負担の軽減を図り、これにより教員が児童・生徒と向き合う時間を確保するとともに、教員間の情報の共有化等によって、個々の児童・生徒への指導を充実させることを目的に導入するものでございます。また、教材等の共有で授業改善を図るとともに、情報を分析して学習指導に活かすことや、多くの教員の目で児童・生徒の指導に活用することを想定しているものでございます。

ICT機器整備に当たりましては、学校間格差が生じないよう配慮し、中学校は平成27年度に、小学校におきましては平成28年度に全校で一斉に稼働させる予定でございます。

こうして、板橋区内の全校に校務支援システムの導入する計画が明らかになり、平成27年度に中学校、平成28年度に小学校の全校一斉に校務支援システムが導入された。教員は都の採用なので、都内では異動がある。導入される前に品川区などの先進区から転勤してきた教員は、板橋区のアナログ具合に驚いたことだろう。全国や全都一斉ではなく、自治体の裁量による導入となると、自治体による格差が生まれてしまう。おそらく他の道府県ではもっと遅れたことだろう。

また、教育委員会に財源が無いということも導入が遅れる原因になる。教育長や教育委員会が早期導入を目指しても、財政を担当する区長部局が予算に組み入れないと実現しない。そういった意味でも、議会の質問に対する答弁よって、教育委員会の切実な状況を財政部門に伝える効果もある。ある意味では、教育委員会へのアシストともいえる。

校務支援システムが導入されて以降は、以下の討論でも触れているが、慣れるまで少し時間がかかったが、着実に事務作業の効率化が進んできているようだ。

平成29年　第三回定例会　決算に対する討論

◆佐藤討論（抜粋）

校務支援システムの導入や授業用ＩＣＴ機器の整備など、教育部門のＩＣＴ化促進は評価いたします。

教員へのアンケート結果では、事務作業の時間が削減したという回答が平成27年度の9・8％から平成28年度には33・1％にまで上昇しており、なれてくることで今後より一層の成果が期待できるのではないかと思います。今後もＩＣＴ機器のさらなる活用のための研修や、教員間でのノウハウの共有など、良質な授業の提供と、教員の待遇改善が図れるよう期待いたします。


このように意見を述べ、導入後のフォローの充実とＩＣＴ機器の拡充を求めた。

ちなみに、同時進行で授業におけるＩＣＴ活用も求めてきた。これについてはまず、電子黒板を平成23年度に全校に一台ずつ導入した。しかし学校に一台の電子黒板では正直なところ効果はあまり上がらない。引き続き電子黒板と実物投影機の設置拡大を求めて各会派から要望が行われた。政府の後押しもあり、平成27年度に全中学校に、平成28年度に全小学校に、全クラス導入をすることができた。今の小学生にとっては、電子黒板にパソコン上の画面が映って、黒板と併用する授業というのが通常になっている。

更に、コロナ禍の影響でギガスクール構想が加速した。全児童生徒にＰＣを貸し出し、家庭での使用を含めて操作や活用に慣れ親しむように取り組んでいる。社会人になった時にＰＣの操作ができるのは、もはや特別なスキルではなく、できないと通用しない社会であることを考えると、教育現場のＩＣＴ活用は必然である。

今後は、昭和生まれの親世代とは全く違う学習環境になっていくことだろう。校務支援システムなどの教員の負担軽減や効率化だけでなく、こうした学習環境の整備が進んだことも大きな革新だと思う。平成28年にようやく校務支援システムが導入された学校が、令和３年には全児童生徒にＰＣを貸し出すようになった。この急激な変化に教育現場が対応できるよう、教育委員会はしっかりと支える施策を展開しなくてはならない。

第六章　児童・生徒への指導

児童・生徒への指導は、教育委員会の肝になる部分である。特に指導室という部署は、教員免許を持った指導主事が、教育のプロとして指導方針や指導方法の改善を日夜検討している。校長や副校長の資格を有する者もいる。

議員は、そういった教育のプロを相手に論陣を張って、改善提案をしていかなければならないので、当然、勉強と研究が必要だ。教育理論を情報収集し、その中で効果が見込めるもの、実現可能なものを提案してこそ、施策として実現する。逆に言うと、思い付きの提案では箸にも棒にもかからない。良い提案だと思っても、なかなか教育委員会を動かすことは容易ではない。これは教育分野に限ったことではなく、行政全般に言えることだ。行政が長年、正しいと思ってやってきたことを変えるわけだから、議員は理論と情報に加えて住民の声、現場の声を乗せて行政と対峙していく必要がある。専門的な知識とともに、目線を落とした現場の状況を踏まえて、より良い改善を求めていくことになる。

学力向上に向けた施策の提案

・読書、読解という基礎の強化

私が初当選して間もなく、平成16年1月に「経営刷新計画」という行財政の構造改革の計画が立てられた。その後にできた言葉で表すと、いわゆる「事業仕分け」に近いものだと理解していただけば良いと思う。つまり、事業の大幅なカットまたは民営化と、受益者負担の見直しによる住民負担増の計画である。

財政状況と将来負担の削減を考えるとやむを得ない行政改革ではあるが、個別の事業に対する議論はそれぞれ白熱した。

その中で私は、「読書感想文コンクールの廃止」に対しては見直すように求めた。年間予算80万円程度のものである。

私自身、小中学生だった頃に応募をして、何度か賞に引っかかったことがあった。それほど読書少年であったわけではないが、当時は参加賞もあったので読書感想文コンクールだけは頑張って応募した。慎重に選書して、推敲しながら書いた記憶がある。このコンクールが無かったら、ちゃんと本に向き合って読むという機会は、もしかしたらほとんど無かったかもしれない。

平成16年の第三回定例会、文教児童分科会において「経営刷新計画」の内容について質問する中で、廃止することを知り、子どもの頃に毎年応募していたことを話した。低学年の頃は賞に選ばれなかったが、だんだん佳作を受賞たり、毎年応募するうちに当時の区長から表彰を受けるまでになっていった。この経験があって、議会での質問原稿や区政報告を書けるようになったので、これが無くなると知ってショックであると伝えた。どれだけの費用がかかっているのか、縮小して継続していくという可能性は残されていないのか質問した。

これに対する答弁は、

平成16年　第三回定例会　決算特別委員会　文教児童分科会

○中央図書館長

まず、費用の点ですが、約80万程度かかってございました。

先ほども申し上げましたように、事務事業のうちそういった小規模なものをある程度整理しよう、そういうような話がありましたので、涙を飲んで廃止ということでございます。

当時の板橋区の一般会計予算は約1500億円。このうちの80万円で子どもたちが必死に受賞を目指して学習する機会が作られていたのだ。これを涙を飲んで廃止とは、残念極まりない。

学校選択制になり学校は、読書感想文をはじめとして、美術展、書道展、陸上競技会など、これだけの自校の児童生徒が頑張っているんだと、取り組みをPRする必要があるはずである。児童生徒の成長の芽も、学校の特徴作りも、両方摘んでしまうことになる。

その直後の決算に対する討論で、改めて本会議において問題提起し、本事業の復活を求めて意見した。

平成16年　第三回定例会　決算に対する討論

◆佐藤討論（抜粋）

永年親しまれてきました読書感想文コンクールなどの小規模事業が、私どもの知らないうちに廃止をされたことは、まことに遺憾であります。子どもたちが参加をする事業は、まさに学校の特徴や努力をアピールできる絶好の機会だと思います。子どもたちが活躍できる場面を減らしてしまうのは何ともさみしい限りです。年間数十万円の予算で執行できる事業ですので、復活を望み、各学校の積極的な参加を期待します。

その結果、翌年度にはなんとすぐに復活することになった。こんなに早く復活予算がつくことは見たことが無い。

予算に計上されたと聞いた平成17年の第一回定例会の文教児童分科会で、読書感想文コンクールの復活について、小規模事業なので予算書では見えてこないが、どのような形で復活するのか質問した。

これに対する答弁は、

平成17年　第一回定例会　予算特別委員会　文教児童分科会

○答弁　中央図書館長

読書感想文コンクールについてでございますが、区長の所信表明にもありましたように、17年度復活というか、新しい形で実施したいということでございます。実は、これまで中央図書館が主催する読書感想文コンクールと、それから、各区立小・中学校でそれぞれ独自に読書感想文コンクールを実施しておりました。（中略）この両者を合わせて、共同して実施するというものでございます。

事業費でございますが、これいろいろ工夫いたしまして、（中略）文集を庁内印刷等で安く上げる。（中略）そうしたことで最小の経費で盛大にやりたいというふうに考えてございます。

人間にはどうしても得意・不得意がある。個性が重視される現代、読書が好きだったり、作文が得意だったりする子がいれば、それを称えて伸ばしてあげることは、教育課程において必要なことである。しかも読書という、教育の基礎ともいえる分野の事業がカットされたわけであるから、教育委員会が「行財政改革の中で涙を飲んで廃止した」というのは本音だったのだろう。

このような予算額が小さい事業は、予算書を見ても出てこない。たまたま当選して2年目の私が気づいて議会で取り上げたことで他の議員も知ることになり、一緒に復活を呼び掛けてくれた。一度廃止になった事業がすぐに復活するというのは稀なことだ。

更に読書の推進については度々呼び掛けていった。平成20年の第一回定例会の代表質問では、読書活動アシスタントの創設を提案した。

この制度については、宮崎市で行っているものを参考にした。各学校に1名、保護者の中から選ばれた人が、1日2.5時間、時給制で図書館運営のアシスタントをするというものだ。陳列やポップを工夫したり、オススメ書架等の紹介を充実させるなどを行っていた。こうした作業を、多忙な教員にやらせることは難しいだろう。また個人的には、保護者、有給、短時間という点を評価した。子どもたちのために頑張ろうという人材を、比較的低予算で確保していた。

宮崎市での効果としては、図書の貸し出し数が中学校で1.4倍、小学校で2.3倍に増えたとのことだった。

板橋区でも、保護者を活用した読書活動アシスタントの導入を求めて質問した。

これに対する答弁は、

平成20年　第一回定例会　代表質問

◇答弁　教育長

読書活動アシスタントの導入についてでございますが、現在も多くの小学校では図書館ボランティアが学校の図書室で図書の整理や読み聞かせなどを実施しておりまして、大変成果を上げていると考えております。提案のございました読書活動アシスタントにつきましては、児童の読書活動の推進への貢献も期待されるところですので、放課後に図書室の開放が可能な学校を中心に、既存の図書館ボランティアの活用を含めまして、導入を図ってまいりたいと思います。

あくまでも無償のボランティアでやるというスタンスである。役所は教育委員会に限らず、住民をボランティアというキラーワードを使って無償の労働力として扱いたがるが、私はこの安易な考え方は良くないと思っている。住民に失礼である。

その中でも特に教育委員会は、度々述べている通り予算を財政部門に握られている。そのため、無償で実施できる施策を展開したがる傾向がある。保護者や地域の人に「子どものためだから」という名目で、ボランティア活動を求めることが多い。単発のイベントをＰＴＡやオヤジの会が協力するならば分かるが、定期的に決められた職務を行うことに対して、保護者や地域の人を無償の労働力として使うことには違和感がある。

そんな中、今度は学校での読書活動の活性化を図るため、予算をかけた読書活動推進の事業が決まった。司書資格を有する専任員の配置を小学校の10校でモデル実施するものである。平成21年の第二回定例会の一般質問において、この内容等について尋ねた。

実は、同様の事業が茨城県の鹿嶋市で実施されていた。こうした専任の学校司書を配置した結果、貸出図書数はおよそ4.7倍になったという事例もあり、効果が期待できることは理解していた。しかし、司書をたくさん配置することは理想だが、コストがかかる。以前に取り上げた宮崎市の例では、保護者等から短時間雇用したアシスタントを全校に配置しており、学校・行政と地域・保護者がまさにウイン・ウインの関係となっていた。保護者や地域人材と、司書と連携して相乗効果を期待できるような制度設計を目指してはどうかと質問した。

また、読書活動の推進の成果をどう捉えるか質問した。例えば三重県伊賀市では、1か月に1冊も読まない小・中学生の比率を下げることや、読書好きな小・中学生の比率を上げるなど、5項目の数値目標を設定し、5年計画で読書習慣の定着を目指しているという例があった。コストをかける分、成果指標を設けて効果を測定しなければならない。

これに対する答弁は、

平成21年　第二回定例会　一般質問

◇答弁　教育長

板橋区におきましては、これを補完するシステムとして、学校図書館運営ボランティアを確保していきたいというふうに考えております。今後、そのボランティアの育成や必要とする経費等については検討を行っていきたいというふうに思っております。

次に、読書活動推進の成果指標をどのように設けるかというご質問でございます。

今年度、子ども読書活動の推進に関する法律に基づきます子ども読書推進計画検討委員会による検討を開始したところでございます。成果指標につきましては、東京都の計画では、未読者率が上げられておりますけれども、今後、区の計画を策定していく中で詰めていきたいというふうに考えています。

この司書の配置については、その後、事業が拡大され、平成23年度からは全校で実施されている。このように読書の推進については、事業の廃止・縮小の方針から一転し、充実させるように方向転換することができた。私が提案した宮崎市の方式とは別の形になったが、司書の導入により、むしろ提案した内容よりも予算をかけている。逆に有償ボランティアについては未だに実現していない。保護者は無料奉仕という考えから脱却するのには時間がかかるのかもしれない。

成果指標については、図書室における一人あたりの年間図書貸し出し数を用いている。特に小学校では図書の時間などを確保して、図書室を活用する機会を増やしている。貸し出し数は、トレンドとしては上向き傾向にあると言える。

子どもたちの活字離れと学力格差の拡大が進む現在において、早い時期に読書の推進に力を入れておいて良かったと思う。活字離れとは言っても、先のＩＣＴ活用でも分かる通り、ＳＮＳやネット媒体などで文面を見る機会は多い。表現としては「紙媒体離れ」が正解かもしれない。ネットだけでなく紙媒体の整った文章にも触れることで、正しい日本語の理解ができるようになって欲しい。

更に、関連した話題でいうと、板橋区では平成31年度から区立の全小中学校においてリーディングスキルテストを実施している。テレビなどのメディアにも取り上げられたので、ご存じの方もいるかもしれない。

図書貸出数（一人あたり／年間）

		H28	H29	H30	H31（R1）
小学校	目標	37	38	40	-
	結果	32.4	36.2	35.2	35.3
中学校	目標	4	5	6	-
	結果	3.0	3.8	4.5	4.7

これは、教科書の文章理解や、問題文の問われている内容が分からない児童生徒が多くいることを鑑み、まずは「文章を読み解く力」をつけることに重点を置こうという取り組みである。小学校６年生から中学校３年生までの４年間実施し、「基礎的な読む力」を客観的に把握することで、授業改革や学力向上を目指す。教員出身である中川修一教育長ならではの着眼点である。

読書活動を中心として、読解力のある子どもたちが育ってくれることを期待している。

・「学び合い」という指導方法

平成22年に、上越教育大学の西川純先生が提唱する「学び合い」の勉強会に参加した。

その後、平成24年に会派視察にて上越教育大学に赴き、西川純先生に直接お会いしお話を聞いてきた。また実践している糸魚川市の小学校を見学してきた。

私は勉強会後に質問で取り上げたのでその部分は議事録として残っている。会派視察後は一緒に行った同僚議員に質問を任せたので直接提案はしていないが、会派として度々提案を行っていった。私が質問して板橋区議会に「学び合い」という言葉が初めて提唱されたのは、平成22年の第一回定例会の文教児童分科会でのことである。

まずは上越教育大学の西川純先生が提唱している「学び合い」についての概要説明である。実践している先生の講演を聞いて、様々な効果が上がっていることを紹介した。

その手法はどういうものかというと、授業の最初の5～10分間程度で、先生がその日やるテーマを提示する。例えば、円グラフと帯グラフの違いについてザっと説明する。その後、分かる子ならば10分か15分で答えが出せる課題を出す。あとは、子どもたちが教室の中をうろうろ歩いて、話し合う。できた子がまだ考えている子にヒントを出してあげたり、隣の子と話し合ったり、自由に動き回る。目的は一つ、全員が理解すること。円グラフ・帯グラフのどちらの方が適しているのかという事例を、最後の一人まで理解できるような説明の仕方を、みんなで練って教え合うのである。

こういった事例が、公立学校でも実施されていたのである。こうした先進事例の認識と評価について質問した。

これに対する答弁は、

平成22年　第一回定例会　予算審査特別委員会　文教児童分科会

○答弁　指導室長

私もこういった方法については、実際には見ておりませんけれども、書物等では確認していたところでございます。

実際的には、こういった指導の方法というのは、本当にたくさんございます。今回、新しい学習指導要領の中で、教えて考えさせるという言葉が実は生まれてきました。（中略）現実的には、今の授業で求められるのは、いわゆる問題解決型といって、課題を提示して、そして1人で考えて自分なりの考え方を出して、みんなで練り上げながら結論に導いていくということ。（中略）この先生の学び合いということも、（中略）一つの方法論として、また紹介はしていければと思っております。

教育委員会の管理職だけが事例を知っていてもしょうがないので、区立の小中学校の先生で、こういった先進事例をきちんと学んで取り入れて、既に実践していることはあるのか質問した。

これに対する答弁は、

○答弁　指導室長

（中略）授業の中で、子ども同士が2人組み、あるいは4人組みになって自分たちの考えを出し合って、話し合って、理解を深めていくような実践を、学校ぐるみで行っているところもございます。

（中略）友達同士で教え合い、学び合いっていうような授業形態を研究している研究協議会もございますので、（中略）子ども同士の学び合いというものが行われているという実績は、本区においてもかなりの数あると思います。

取り組み実績もあると思うというので今度は、個別の学校・先生ではなく、区全体としての授業に関する革新的な取り組みについて尋ねた。

例えば品川区などでは完全な小中一貫教育をやったり独自教科書を持っていたり、杉並区でも独自の教員を雇ったり独自教科書を持っている。

板橋区では過去に「緑のカーテン」という、ヘチマなどを窓際のプランターで育成して、夏場には植物で日よけをするという手法を生み出し、全校展開したこともあった。この事業は後に全国にも波及した。

「学び合い」のような事例を、板橋区全体で教育の新しいシステムとして取り入れるには、大なた振るって大改革をしなければならない。そういう気概があるのか質問をした。

これに対する答弁は、

○答弁　指導室長

とにかく、板橋区においては、この学び支援プラン、教育ビジョンに基づいた学び支援プランをより深く実践していくことによって、子どもたちの心と体、そして学力を高めていこうということですので、委員おっしゃるように、新しい何かということよりも、この学び支援を着実にこなすことによって、健やかな子どもを育てていこうということで考えております。

結局、板橋区に既にある教育計画の着実な推進という答弁に留まった。

私としては、公立学校の魅力をもっと高める必要があるだろうということが言いたいのだ。公立学校だからといって、単にルーティンをこなすだけのものになって欲しくないのだが、なかなか向上心が見られなかった。

ちなみにこの答弁をしている指導室長は、後に教育長となる中川修一先生だ。授業の具体的な内容を質問して答えられるのは、現場に一番近い指導室長である。中川教育長は、板橋区の指導室長を3年間務めて、再度現場に校長として復帰し、その後に教育長になった。板橋区では珍しい、教員出身の教育長である。

その後、一般質問（本会議）においても、公立学校で魅力的な授業や取り組みを推進すべく取り上げた。平成22年の第三回定例会の一般質問では、私立に負けない魅力ある学校運営を要望した。

私は以前、「百ます計算」で有名な陰山《かげやま》英男先生が、尾道市の土堂小学校で公募の校長として在籍されていた時に視察に訪れたことがあった（詳しくは後述）。平成22年当時、陰山先生が副校長を務めていた立命館小学校では、いわゆる陰山方式のみならず、前校長の深谷圭助先生が提唱する「辞書引き学習法」が注目を浴びていたので質問の中で紹介した。

また、先述の西川純先生の「学び合い」についても例示して取り上げた。

過去には「緑のカーテン」のように、板橋区内の小学校の一教員の取り組みから広がった事業もあったわけだから、魅力ある公立校になるために、多くの学校と教員が積極的に新しい取り組みにチャレンジして欲しい。

板橋区内の学校・教員において、学力向上に向けた実践はどのように行われ、成果は上がっているのか。また、こうした新たな取り組みに対し、教育委員会の支援体制は整っているのか。学力向上に向けて、目標や具体的に取り組む予定の施策などを質問した。

これに対する答弁は、

平成22年　第三回定例会　一般質問

◇答弁　教育長

魅力ある公立学校のための学校や教員の取り組みや教育委員会の支援についてのご質問でございます。

各学校では、一人ひとりの教員の授業力向上を図るために、授業研究や校内研修を推進するとともに、持続発展可能な視点から環境教育、キャリア教育等、特色ある教育活動を展開しております。さらには、幼・小・中連携教育の推進、部活動の充実、体力の向上、研究奨励校の指定など、各学校の実情に応じた重点項目を定めまして、魅力ある学校づくりを進めております。

教育委員会では、指導主事を学校へ派遣しまして、授業改善のための指導、助言を行っておりますほか、環境教育カリキュラム、キャリア教育につきましては、小中一貫した副読本を作成し、学校へ配布するとともに、教師用の指導資料、幼小中連携一貫指導計画の作成等も行っております。また、外部指導員による部活動の充実を図りまして、各学校の魅力ある学校づくりへの支援を進めているところでございます。

次に、学力向上への教育委員会の支援の取り組みでございますが、学力向上に向けては、平成21年度から、一人ひとりの児童・生徒のつまずきに応じて学び直しができる板橋区独自のフィードバック学習方式を整備しまして、各学校の実情に応じた取り組みが行われているところです。また、学習指導講師の複数配置によりまして、個別指導の充実や少人数指導などの授業改善が図られるようになりました。多くの目で児童・生徒の学習を見守り、支えていく体制づくりが進んでいるというふうに評価をしております。

本会議での一般質問で教育長答弁ということもあり、具体的な事例を挙げて質問しても、総花的な答弁になり、結局、自治体としての特徴としては物足りなさを感じた。

学力向上に向けた取り組みというのは、すぐに成果が出ないことも多く、また当該児童生徒を実験台にするようなことがあってはならない。なので大鉈を振るうのが怖い分野ではある。特に授業の方法など専門的な分野に対しては、議員から一石を投じることはできても、大きな転換をすることは難しい。地道な提案が必要だ。

しかしその後、平成27年に板橋区授業スタンダードが確立。区内全校において、授業時間中に小グループ（4人程度）で、考えてまとめる時間を取り、グループごとに意見を発表するということが実践されるようになった。西川先生の「学び合い」ほど大胆な授業展開ではないが、提案し期待した内容にかなり近いものではないかと思っている。意見を出し合うこと、すり合わせること、発表すること、他の意見と比べることなど、社会に出て必要なことが経験できているのではないかと感じる。

私が小中学生だった頃の、一方通行授業とは全然違う形に進化している。かなり思い切った授業スタンダードが導入されたと評価をしている。

体力向上と健康への取り組みは、学力へと通じる

学力の向上は学校が目指す大命題の一つであることは間違いない。

しかし、板橋区の中川修一教育長（令和3年現在）が、平成21年～24年に板橋区で指導室長を務めていた時、議会で以下のやり取りがあった。

平成22年　第一回定例会　予算審査特別委員会　文教児童分科会

■S議員

（中略）教育の最大公約数というのは何なんですか。一人の子どもが必ず持ってなきゃいけないものは必ずあると思うんです。これは指導室長、何だと思いますか。

○答弁　中川指導室長

ありきたりの言葉ですけれども、全国画一的に今子どもたちに認識させたいのは、いわゆる生きる力という一言だと思います。

いくらでも選択肢がある大上段に構えたちょっと意地悪な質問に対し、教育が目指すことは学力向上でも、集団の規律でもなく、「生きる力」と一言で返した。

「生きる力」というのも幅広い言葉ではあるが、特に現代において必要であると考える。自殺者、引きこもり、メンタルヘルス疾患、成人病などが急増する中、学業だけでなく心身の育成こそが教育の本当の命題と言えるだろう。

陰山英男先生の教えは、百ます計算が本題ではない

私は、「百ます計算」で有名な陰山英男先生が、まだ広島県尾道市立土堂小学校に公募校長として赴任していた時期に視察に行ったことがあった。

平成17年8月、当時の民主党東京都連所属の若手議員数名で尾道市に赴き、陰山英男先生にお会いしてお話を聞くことができた。勉強不足だった私は、百ます計算など学力向上の秘訣と、公募校長制度について聞きたいと思って訪問した。

陰山先生はお忙しい中、一期目の若手議員たちのためにわざわざ2時間用意してくれた。そこで聞いた話で、私は勉強不足を恥じた。目からうろこが落ちる思いだった。

以前には岡山県の片田舎の小学校に勤務していたそうだが、その学校の教育改革で京大卒を何人も送り出していたのだ。しかし教育改革による学力向上と言っても、陰山先生の理論の中心は実は「基礎的な生活習慣」なのである。規則正しい生活を基本として脳の活性化、反復練習、余裕時間の確保と創造的活動、とつながっていくのだ。公立校でも超優秀な子どもたちが育っていくという夢のある話を聞き、すぐに陰山先生の本を買って読んだ。議会でも度々取り上げたので、一部紹介する。まずは陰山先生にお会いしてすぐ、平成17年の第三回定例会の一般質問にて。

都内の民主党若手区議、市議とともに、広島県の尾道市を訪ね、陰山英男校長とお会いしたことを話した。そして陰山理論の核は、家庭での生活環境であり、具体的には、早寝、早起き、朝御飯の徹底と、テレビやゲームの視聴時間を1日2時間以内に抑制するというものであるということを説明した。つまり家庭と学校の両方が意識を変えないと、学力の低下も、読書離れも、根本からは改善できないということだ。

早寝、早起き、朝御飯の効果で脳を活性化させることが必要条件であり、その上で、百ます計算をはじめとして、読み・書き・計算を反復学習し、脳をさらに活性化した状態で通常授業を行う。こうして初めて、授業がより身につくものになっていくということを説明した。

そして板橋区では、家庭での教育や生活環境に対する指導をどのように行っているか。また、学校の方針をどの程度、家庭に浸透させているのかを質問した。

これに対する答弁は、

平成17年　第三回定例会　一般質問

◇答弁　教育長

家庭教育に対する指導についてでありますけれども、早寝早起き、朝食をきちっととるなど、基礎的な生活習慣に関する指導は、各学校において、保健指導、生活指導を中心にあらゆる機会に行われております。このことは、児童・生徒のみへの指導ではなく、学校からの配布物や保護者会等の機会を通じ、各家庭にも啓発をしているところであります。私も、PTAの会合などでは、よく教育の基本は家庭であるというような話をしております。とりわけ新学期や長期休業前には、これら生活リズムの安定を図るよう、各家庭に強く働きかけておるところでございます。

教育委員会としては、配布物などで家庭への啓発を行っている、という回答であった。教育長の本会議答弁では具体的な点に切り込みづらいので、後日、平成19年の第一回定例会の予算総括質問で部長級に質問した。

まずは、早寝、早起き、朝御飯の学習への効果ついて、教育長も根拠があるという答弁をしているが、どのように生活の改善を進めるのか。こういった取り組みは一所懸命啓発しても、元々やっていない(興味の無い)家庭には響かないものである。

これに対する答弁は、

平成19年　第一回定例会　予算審査特別委員会総括質問

◎答弁　教育委員会事務局次長
学校の方でもさまざまな家庭教育における生活改善につきまして、学校の学校だより等で家庭に呼びかけております。

それはそれとして、教育の基本はあくまで家庭にあり、規範意識や善悪の判断などは基本的に家庭の中で培われるべきものだと考えております。子どもたちに基本的習慣を身につけてもらうため、小・中学校ではすべての児童・生徒の保護者に家庭教育手帳を配布するとともに、保護者会など機会をとらえて十分な周知啓発を図ってまいります。（中略）

引き続き、生活習慣からちょっと視点を変えて、年々低下していると言われる子どもたちの体力について尋ねた。小・中学生の体力について、例えば50メートル走やハンドボール投げなどいわゆるスポーツテストのデータがあるはずだが、東京都のデータしかないと聞いていた。区の方で把握していないのか、把握しないでいいのか、問題提起して尋ねた。

これに対する答弁は、

◎答弁　教育委員会事務局次長
平成17年度に都が実施した体力調査、体力テストの調査結果によりますと、50メートル走、幅跳び、ソフトボール投げなどについて、小学校、中学校とも10年前と比べ確かに下回っております。東京都のデータしかないわけで、区全体として、都内ですと人の異動等もあってなかなか難しい側面もあるんですが、区としても、とらえる必要はあるというふうに感じております。

やはり、区としてのデータは持っていなかった。そこで体力のデータが無いことで研究が遅れている分野について聞いてみた。

それは、体力の低下が、学力とも関連しているのではないかということだ。

陰山先生の著書「学力の新しいルール」には、50メートル走、ソフトボール投げ、不登校の生徒の数の推移、校内暴力の発生件数、この4つの事象の推移について調べたグラフが、傾向においてぴったり一致するというのだ。すなわち1981年と93年にガクンと体力が落ち、そして不登校と校内暴力が増加しているという。81年頃にテレビが一家に1台から1人に1台になって、82年にファミコンが登場した。93年には、新学力観という考え方で、読み書き計算の基礎反復練習をばっさり切り捨てた。こういった事柄が実は関連性があるのではないか。区としてはどのように分析しているか質問した。

これに対する答弁は、

◎答弁　教育委員会事務局次長

体力と学力との相関関係についての研究そのものは進んでいないというふうに認識しておりますが、ただ体力は学力、生きる力の源であるというふうには考えているところです。

体力と学力の相関関係については研究されていない。だから、区として体力に関するデータを持っていない、という前の答弁とつながるのである。生活習慣は学力と関係あるかもしれないが、体力と学力との関係は知らない、というのが当時の考え方であった。

学校では保険体育の授業もあり、体力の向上と生活習慣の改善については、教育の一部として取り組む課題となっているはずである。しかし環境が変ってきたことで体力が下がってきたというデータを提示しても、その原因や他の指標との関連については研究していないというのは非常に残念なことであった。

その後、私は他にもエビデンスを探していた。そこで見つけたのは、都道府県別の学力テストランキングというものだ。基礎自治体では子どもたちの体力に関するデータは持っていないということが分かったが、都道府県レベルでは集計をしている。この都道府県の体力データと、学力テストランキングを照合すると、見事に一致していることが分かったので、平成21年の第二回定例会の一般質問で改めて取り上げた。

平成20年度に文部科学省が行った全国体力・運動能力、運動習慣等の調査結果を見ていくと、学力テストの結果で上位にランクしている秋田県や福井県が、体力の調査でも上位に来ているということが明確に分かった。逆に、沖縄県や高知県、大阪府などは体力・学力ともに下位にランクしていたのである。

学力向上への取り組みができている学校や地域というのは、生活習慣が守られており、効率のよい授業や学級運営ができているので、結果として体力向上や芸術に取り組む時間のゆとりがとれるという、良い循環ができているのではないだろうか。

ここまで明確な調査結果が出ているにも関わらず、板橋区では今でも体力と学力の相関関係については分からないと言い続けるのか尋ねた。

また、体力について1980年頃からのトレンドが全体的に下がってきている。このことに対して認識はしているが、分析して改善する姿勢が見られなかった。

体力向上について例えば調査結果の上位に位置する福井県では、「スポーツ大好きっ子育成事業」という施策を実施して、小学生の時期から楽しんでスポーツに取り組むプログラムを用意していた。例えばダブルタッチなどの高度な縄跳び運動を取り入れて、難しいことを克服していくことの達成感や喜びを教えるなど、単なる縄跳び検定ではなく工夫が施されていた。

板橋区や東京都の体力向上に対する取り組みはどの程度実績が上がっているのか。また、今後どのように取り組んでいくのかを質問した。

これに対する答弁は、

平成21年　第二回定例会　一般質問

◇答弁　教育長

体力と学力の相関関係についてのご質問でございます。

（中略）体力と学力との関係を科学的に調査した統計は現在のところはなく、相関関係については明確ではございません。しかし、全国学力・学習状況調査の結果におきましては、両県ともに正しい生活習慣が身についている児童・生徒の学力が高い結果になっておりまして、さらに外遊びを好む子どもは生活リズムが備わっていることから、学力も体力も基本的な生活習慣との関連があるのではないかというふうに推測をしております。

児童・生徒の体力向上がなかなかしていかないことに対してのご質問でございます。

平成20年度の東京都の児童・生徒の体力・運動能力の現状と課題のまとめに、就学前からの運動経験の有無によって、体力・運動能力の二極化が認められるとともに、その二極化が小学校の低学年から既に認められていることが記述をされております。本区では、乳幼児のころから遊びを通じて体力を向上させていくことが必要だというふうに考えております。児童・生徒の体力向上についての課題は、東京都の実態分析と同様であると考えているところです。

区としてどのように体力向上の施策を行っているのかというご質問でございますが、いたばし学び支援プランでは、さまざまな体力づくり推進事業をすることになっておりまして、現在、教育課程専門会議の教科等専門部会で、体育の体力づくりを含めた小・中学校一貫した指導計画を作成しているところです。今後、放課後対策事業、研究奨励校における体育指導の向上の全校展開など、さまざまな手法で体力向上に向けた活動を行っていきたいと思います。

まとめると、これらの質問によって板橋区では、

1　生活習慣に関しては家庭が基本であり、区は啓発をする
2　区としてのスポーツテストに関するデータは持っていない
3　体力と学力の相関関係はエビデンスが無いので分からない
4　データはないがさまざまな手法で体力向上に向けた活動を行いたい

ということが分かった。

生活習慣の改善や体力向上について、これまでほとんど関心が無く、非常にずさんな推進体制であったということだ。

生活習慣に関してはその後、平成22年から「小学校入学前に身に付けたい10の生活習慣」というチェックシートが作成され、入学前の児童全員に配布されるようになった。

続いて平成27年から「中学校入学前に身に付けたい生活習慣」、平成29年から「3さいか

らの5つのできるかな？」「5さいからの7つのできるかな？」といったチェックシートも作成され、単なる手引書の配布ではなく、家族や本人がチェックしながら生活習慣を顧みる様式へと改善が行われている。

しかし本当に取り組まなければならないのは、無関心家庭である。こうしたところへのアプローチについては、永遠の課題かもしれない。教育委員会だけでなく、保健所や児童相談所などとの連携を強化して、保護者への指導を積極的に進めて欲しい。

そのためにまずは、教育委員会が生活習慣の改善による体力、学力への相乗効果についてきちんと検証し、説得力のある指導を、児童生徒にも家庭にもできるようにならなければならないと考える。データの分析も相関関係の研究もしていない状態で、家庭に努力を押し付けるだけでは、成果は上がらないだろう。

生活習慣のカギは、食育と眠育

陰山先生の提唱する基礎的な生活習慣の第一歩は、早寝、早起き、朝御飯であると言われている。つまり睡眠と食事である。

多くの家庭では、意識をして取り組んでおられたり、指導をしていることと思う。問題なのはこうしたことに関して意識も知識も無い家庭や、子どもの発育に無関心な家庭である。対応としては二つある。保護者への指導と、子どもへの指導だ。

先述の通り保護者への指導は非常に難しい。自治体としては適切な情報提供による啓発活動をしながら、問題のある家庭にはもう少し積極的な関与が必要になる。特にネグレクトにつながるような案件は子ども家庭支援センターや、場合によっては児童相談所まで含めた対応が必要だろう。ここまでくると教育分野から離れてしまうが、実際には学校現場ではネグレクト家庭への対応も行われている。私の関わった案件では、高校受験の費用を払う気が無い保護者のもとに中学校の校長先生が「定時制で働いて学費を払うと言っているので、受験費用だけでも払ってあげてください」とお願いしに行ったという話を聞いた。普段の生活習慣についても、学校から保護者への働きかけは必要になってくる。

もう一つの、子どもへの指導については、児童生徒に直接会う学校で最低限は指導ができる。特に食育については、給食を活用して指導ができる。給食や家庭科の授業を通じて食育を進め、家庭に帰ってからも引き続き児童生徒に意識を持ってもらうようにしたい。食事の大切さや生活習慣の大切さを知ることで、例えば朝食を食べていないことを疑問に思う児童生徒が出てくる。そういった情報が学校に入れば、先のように保護者への働きかけへとつながる。

教育委員会に生活習慣や体力向上と言っても、広く受け取られるので、食育と睡眠教育（眠育）については、個別に取り上げて質問をしている。

まずは食育について。平成19年の第三回定例会の決算総括質問において、朝食推奨の施策を提案した。日野市で行っていた、朝食講習会「元気簡単朝ごはん教室」である。若いお母さん向けに朝ごはんの大切さと普及、それから家庭で実際に実践をする支援を、毎月1回10時から11時半という時間帯で行っていた。未就学児を育児するお母さんへの対応として、保育もついている講座であった。参加費は無料で、年間運営費はたったの42万円。大変好評で、定員オーバー、キャンセル待ちの状態が続いてるということであった。こうした先進事例を紹介し、板橋区でも朝食の推奨を求めた。

これに対する答弁は、

平成19年　第三回定例会　決算調査特別委員会総括質問

◎答弁　保健所長

子育て支援で、朝食の推進についてのご提案でございます。

板橋区におきましては、健康づくり21計画に基づきまして、食育の中でも朝食については重点的に取り組み、広く区民への普及啓発を実施しているところでございます。（中略）

今、ご提案の日野市の朝食講習会、板橋区との違いを、ちょっと考えてみたんですけれども、まず実践があるということと、毎月定期的にあるということと、保育つきの講座であるということなどが違っているんではないかというご提案の趣旨なのかなと受けとめさせていただきました。（中略）このような形でのご提案のような趣旨に沿った事業展開をしてまいりたいと思ってございます。

教育委員会ではなく保健所が前向きな答弁を行った。母子栄養指導や、食育・健康クッキング教室などは実施しているが、しかし残念ながらその後も私が提案したような、定期的に無料で保育付きの参加しやすい事業とまでは拡大できていない。

そこで今度は平成21年の第二回定例会の一般質問において、教育委員会に向けて、給食を活用した食育について、足立区の例を用いて尋ねた。

どういうものかというと、足立区では試験的に給食の時間を5分間延長するという取り組みを行っていたのだ。コストもかからず、非常にシンプルな発想である。その結果、食べ残しの量が小学校で8%だったものが5%に、中学校で16%だったものが12%に減少した。食育の基本は食べ物を粗末にしないことだと思う。特に学校給食は栄養のバランスを考えた献立であり、なるべく残さないように指導する必要がある。

足立区の実験結果を受けて、板橋区としても取り組めるのではないかと質問した。

これに対する答弁は、

平成21年　第二回定例会　一般質問

◇答弁　教育長

足立区の給食時間5分延長についてですが、（中略）給食関係の諸課題を協議する学校給食常務委員会において学校長に情報提供を行いました。学校長からは、有効性を理解するものの、学習指導要領の改訂に伴う授業時数の増加により、日々の時間管理が厳しくなっておりまして、延長などの対応は難しいのではないかという意見が寄せられております。区では、教育指導の中で食の大切さ、とりわけ身体の成長に対する栄養摂取の重要性や食材をむだにしないことなどを児童・生徒に対して日々指導してきたところでございます。今後も栄養のバランスを考慮した献立の研究や給食指導の充実により、食べ残しを減らしてまいりたいと思います。

学校長から授業時間が足りなくなるからできないとの意見があったことを理由に、実施できないそうだ。昼食時間を5分延長することすら後ろ向きなのに、しかし食育は充実させるというのだから、この課題に対して関心が薄いことが伺える答弁である。

他にも別の切り口で、平成23年の第三回定例会の決算総括質問では、食の安全からもアプローチした。

トランス脂肪酸に関連する問題提起である。トランス脂肪酸は、ＷＨＯでは悪玉コレステロールを増加させ、心臓疾患リスクを増大すると報告されていた。世界的にはショートニング、ファットスプレッドなど、いわゆるマーガリン類に関して、使用を禁止または制限したり、使用量の表示を義務付けたりということをやっている国が多々あったのだ。日本では国としての規制は厳しくないが、学校給食においてトランス脂肪酸対策はきちんと検討しているのか質問した。日常的な給食から、食の安全と大切さについて学校も児童生徒も学ぶきっかけになってくれればと考えた。

これに対する答弁は、

平成23年　第三回定例会　決算調査特別委員会総括質問

◎答弁　教育委員会事務局次長

（中略）学校給食摂取基準に基づいているわけでございますが、そこにはトランス脂肪酸についての規制が今のところございません。しかしながら、区におきましては生活習慣病予防というような見地からも、植物性脂肪に代替可能なショートニングやラード、ファットスプレッドの使用については十分注意するというようなことを行うとともに、低トランス酸のマーガリンですとか、（中略）トランス脂肪酸摂取量の低減に努めているところでございます。今後とも引き続き、こうした分野の調査研究についても、引き続き注意を払っていきたいというふうに思っております。

食育に関しては、産地、有害物質、栄養などの食材に関すること、給食時間や食べ残しなどについて、規律正しい生活習慣としての食生活、その他にも納入業者の問題、調理員や設備、味やイベント食など、実はかなり多方面からのアプローチがあり、行政としてもいろいろ気を使っているのは理解する。

ただ、どうしても直接生徒児童や保護者と向き合う学校や現場の栄養士に課題を押し付けがちだ。多くの情報量を持つ行政がしっかりサポートして施策を打ち出していく必要がある。行政は先進事例などを取り入れて、学校任せにしないで自治体としての施策の展開や、他の部署との連携を含めて、食育の啓発を広げていかなければならないと考える。

教育分野において、睡眠についての研究は現在進行形

生活習慣のもう一つ、早寝・早起き、つまり睡眠についての取り組みはどうなっているか。早寝・早起きの推奨についても議会で取り上げてきたが、平成30年の第一回定例会の予算総括質問で集中的に質問したので紹介する。

当時ちょうど、「睡眠負債」という言葉が流行語大賞のトップテンに選ばれたところで、世論が睡眠不足の弊害に興味があるところであった。

「睡眠負債」という言葉について簡単に説明すると、睡眠不足は借金のように累積してたまってしまう。寝だめして返済できるものではない。睡眠負債がたまればいずれ破綻を来し、あらゆる不調を引き起こすという意味で使われている。

1日の睡眠時間（%）

（1）男子の状況

校種	学年	平成25年度　男子（%）		
		6時間未満	6～8時間	8時間以上
小学校	第1学年	0.6	12.3	87.2
	第2学年	1.8	18.0	80.2
	第3学年	6.7	24.9	68.5
	第4学年	4.8	31.3	63.9
	第5学年	5.2	33.4	61.4
	第6学年	6.0	42.8	51.1
中学校	第1学年	6.4	53.9	39.7
	第2学年	9.9	64.1	26.0
	第3学年	12.6	70.5	16.8

校種	学年	平成29年度　男子（%）		
		6時間未満	6～8時間	8時間以上
小学校	第1学年	0.0	12.4	87.6
	第2学年	0.9	17.0	82.1
	第3学年	5.3	24.2	70.5
	第4学年	6.1	31.6	62.3
	第5学年	7.3	34.7	58.0
	第6学年	6.0	45.2	48.8
中学校	第1学年	7.3	56.3	36.4
	第2学年	11.5	62.9	25.6
	第3学年	12.4	73.4	14.2

（1）女子の状況

校種	学年	平成25年度　女子（%）		
		6時間未満	6～8時間	8時間以上
小学校	第1学年	0.5	12.5	87.0
	第2学年	1.7	16.8	81.5
	第3学年	4.7	24.0	71.3
	第4学年	3.5	29.1	67.4
	第5学年	3.1	34.2	62.8
	第6学年	4.3	42.4	53.3
中学校	第1学年	6.7	58.6	34.8
	第2学年	13.6	65.7	20.8
	第3学年	20.2	68.3	11.5

校種	学年	平成29年度　女子（%）		
		6時間未満	6～8時間	8時間以上
小学校	第1学年	0.2	13.4	86.4
	第2学年	0.8	15.6	83.6
	第3学年	4.7	25.5	69.9
	第4学年	4.1	31.6	64.4
	第5学年	3.5	35.5	61.0
	第6学年	3.7	46.3	50.0
中学校	第1学年	7.8	60.6	31.5
	第2学年	10.7	69.1	20.2
	第3学年	14.4	73.9	11.8

私は質問にあたり、子どもの睡眠時間の確保について、この5年間を調べてみた。

注目したのは、8時間以上ぐっすりたくさん睡眠をとっている人の割合である。男子は低学年ではたくさん寝る子が若干増えてきているが、4年生以上の子たちは減ってきていた。女子では、小学校2年以外の全ての学年でたくさん寝ている子は減ってきていた。

こうした、睡眠に関する現状の把握はできているのか、また子どもたちの睡眠についてどのような取り組みをなされているのか、まずはデータを基に現状認識について尋ねた。

これに対する答弁は、

平成30年　第一回定例会　予算審査特別委員会総括質問

◎答弁　教育委員会事務局次長

平成29年度の東京都児童・生徒体力・運動能力、生活・運動習慣等調査によると、本区においても、平成25年度と比較して、8時間以上の睡眠時間を確保している児童・生徒は減少傾向にございます。全国学力・学習状況調査の児童・生徒質問によると携帯電話やスマートフォンで通話やメール、インターネットをする1日当たりの時間が増加傾向にあることも、児童・生徒の睡眠時間減少の一因と考えております。

本区では、平成29年度体力向上推進委員会防衛体力部会で、睡眠を中心とした生活習慣を振り返る授業実践を提案しております。また、区独自の体力向上カードを活用して、児童・生徒の規則正しい生活習慣についての意識づけを図っているところでございます。

生活習慣についての一般的な施策しか無いことが分かる。スマホやインターネット等のやり過ぎが一因と考えているのであれば、指導の中で対策を取らなければならないが、まだ具体的な対策とまでは進んでいなかった。

そこでまた他の自治体の先進事例を紹介しながら提案を行った。この頃から睡眠教育について取り組む自治体が増えていて、「みんいく」などとも呼ばれていたのであった。

例示したのは、大阪府の堺市である。堺市が「みんいく」に取り組んだそもそもの理由は、不登校対策であった。

堺市では、不登校対策の調査を行い、長期欠席の子どもの入眠時間は遅く、8割以上が夜中の12時以降に就寝しているということが分かった。毎日同じ時刻に寝ているかという問いに関しても、長期欠席の子たちは8割以上が当てはまらず、寝る時間が不規則だということが調査がされている。

こうした状況に対する施策として「みんいく」を提唱したのであった。

睡眠が不足すると医療用語では小児慢性疲労症候群と言って、イライラや、やる気欠落の原因になるそうで、この睡眠不足の改善に着目をして施策を実施したのだった。

具体的には（1）睡眠朝食調査、（2）みんいく教材の作成、（3）みんいく授業、（4）みんいく面接、（5）地域でみんいくを推進、（6）みんいくリーダー研修会、という6項目の取り組みをやってきた。

こうした取り組みを行った結果、平成26年に調査を行って、平成27年から実施をしたのだが、わずか1年で平成27年度の自己肯定率の調査において、中1から中3まで全学年で10ポイント以上、自己肯定感が上昇した。また欠席日数も、それまで100日以上長期欠席をしているという生徒の割合が一番多かったのに対し、平成27年度には、最短の10日から29日のお休みしかとらないで学校に来られるようになった子が、一番多くなったというような成果が出た。

この結果を見て、北海道、大阪市淀川区、福井県美浜町、青森県三戸市、京都府宇治市など、他の自治体でもさまざまな睡眠教育の取り組みが広がっていったのだ。

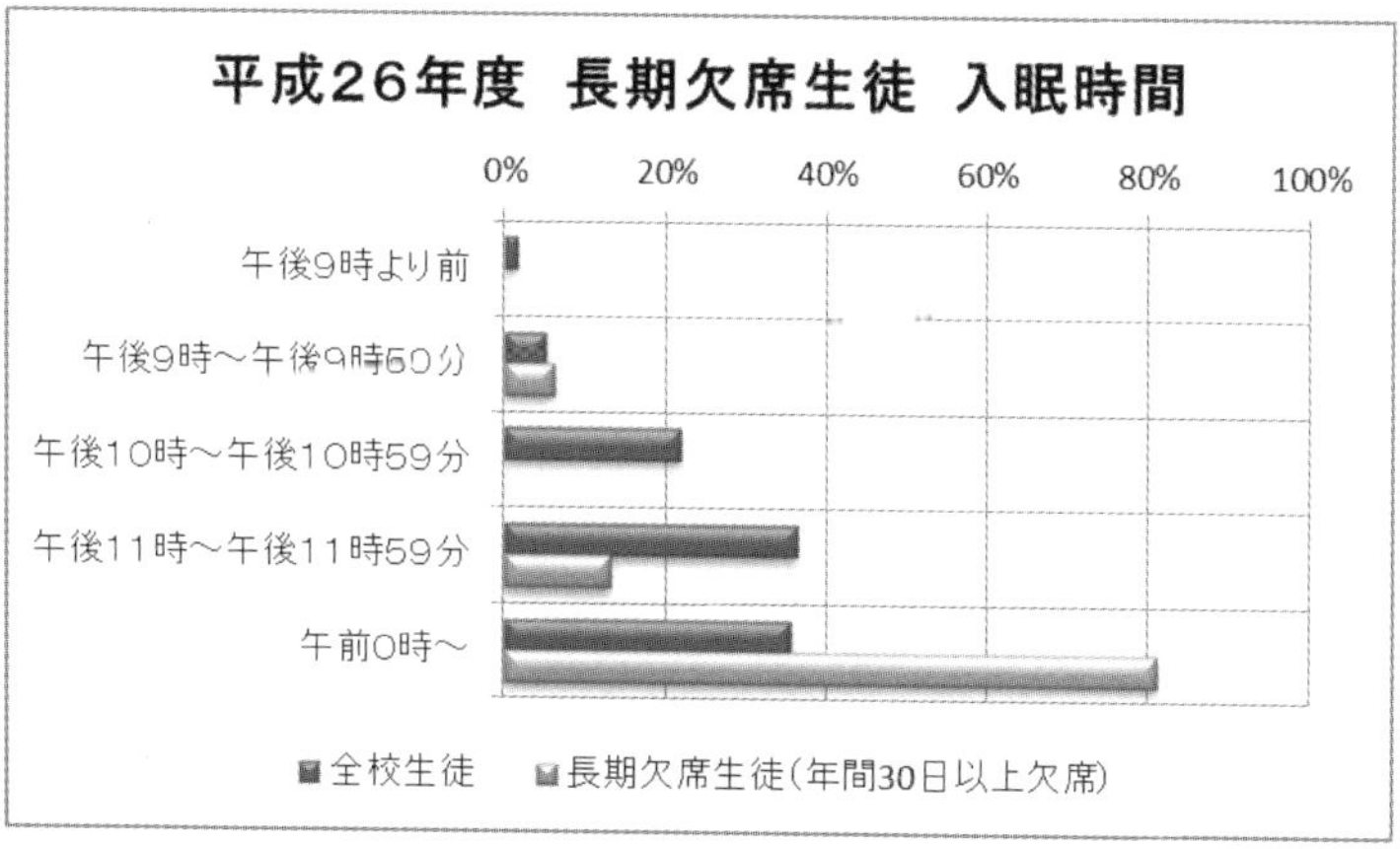
平成26年度　長期欠席生徒　入眠時間
0%
20%
40%
60%
80%
100%
午後9時より前
午後9時～午後9時50分
午後10時～午後10時59分
午後11時～午後11時59分
午前0時～
全校生徒
長期欠席生徒（年間30日以上欠席）

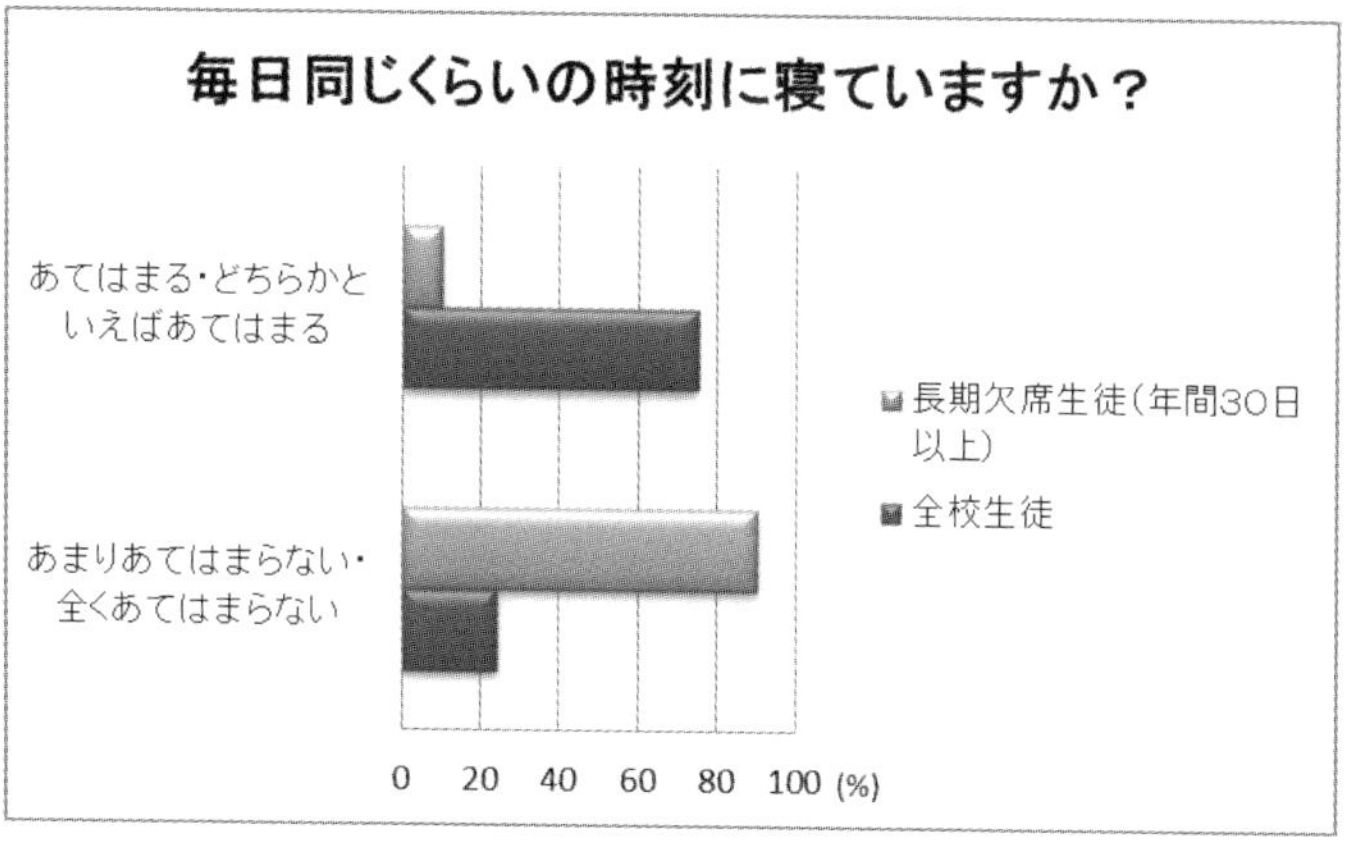
毎日同じくらいの時刻に寝ていますか？
あてはまる・どちらかといえばあてはまる
あまりあてはまらない・全くあてはまらない
長期欠席生徒（年間30日以上）
全校生徒
0 20 40 60 80 100 (%)

〈堺市調査〉

この「みんいく」に対する板橋区としての評価と、先進事例の導入を求めて質問した。

これに対して答弁は、

◎答弁　教育委員会事務局次長

「みんいく」についてのご質問でございます。

就寝時間の乱れや、睡眠時間の減少が自尊感情に大きく関係するという説に基づき、堺市などでは、保護者や地域と連携して、睡眠教育なる「みんいく」に取り組んだことが、不登校改善につながったと聞いております。

本区においては、小学校入学前に身につけたい10の生活習慣を発行し、午後9時までの就寝を推進することで、生活習慣の確立を促し、体の成長や学力の面などで向上に取り組んでいるところでございます。現在、株式会社タニタと連携し、いたばし健康づくりプロジェクトの一環として、睡眠時間の確保を含めた「いたばしライフスタイル」の作成に取り組んでおり、平成30年度末には区立小学校全児童を対象に、この計画を周知していく予定でございます。

堺市の成功事例を取り入れている自治体が多々あるにも関わらず、板橋区はプライドが高いのか、他市の事例を参考にする気は無さそうだ。

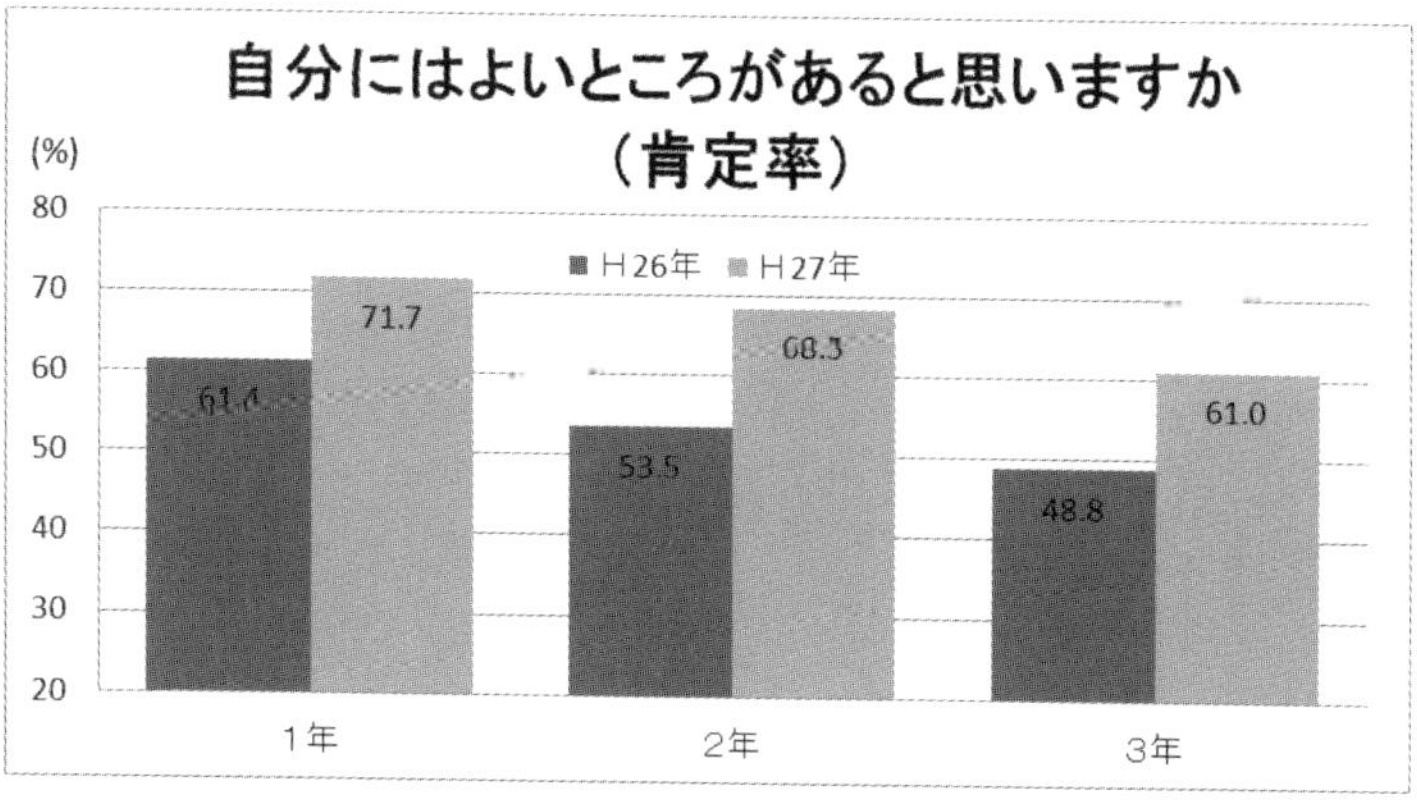

自分にはよいところがあると思いますか
（肯定率）
(%)
80
70
60
50
40
30
20
H26年
H27年
71.7
61.4
68.3
53.5
61.0
48.8
1年
2年
3年

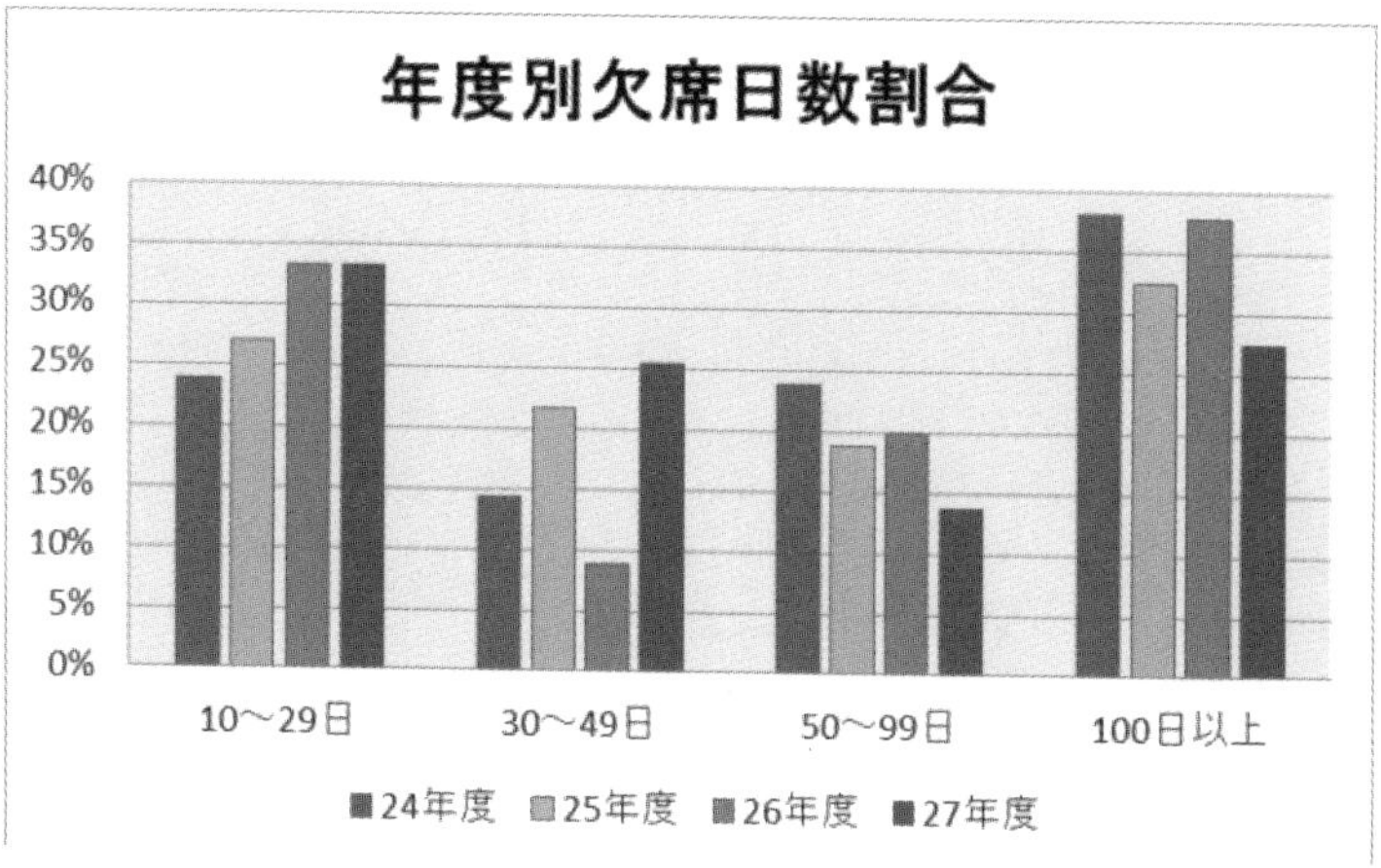

年度別欠席日数割合
40%
35%
30%
25%
20%
15%
10%
5%
0%
10～29日
30～49日
50～99日
100日以上
24年度
25年度
26年度
27年度

〈堺市調査〉

たしかに、タニタとの健康づくり連携の中で、睡眠も加えてやることには期待する。しかし子どもたちの睡眠不足に関しては、私は10年以上前から取り上げている課題であった。昔から言われているのに、なかなか施策を実施できていない。さらに、だんだん数字が悪くなってきていた。

堺市の「みんいく」という先進事例を用い、現状の社会的問題点と原因、そして解決方法と成果の数字を含めて紹介したのだが、「別の施策があるのでそちらで対応します」というありがちな答弁になってしまっている。私から危機感が伝わらなかったのか、そもそも教育委員会が「みんいく」に関心が無いのか。

これだけのエビデンスを紹介すれば、民間企業ならば「その資料、コピーして配布してもよろしいですか?」となるところだろうが、行政は急には施策の方向転換をしたがらない。せっかくだから、全保護者にこの資料を配って、子どもたちの睡眠について啓発すればいいのにと思う。

しかし、健康づくりの研究校を増やしてその中に睡眠教育を課題として入れるなど、徐々にではあるが現場の学校にも落とし込んでいっている。こうした学校での成果を分析して、ぜひ拡大して区内全体で取り組んで欲しい課題である。

体力と運動能力は年々低下している

先ほど学力向上に向けた取り組みのところで、体力と学力について、相関しているのではないかということを取り上げた。区としては、データだけでエビデンスが無いから分からないというスタンスである。

この体力や運動能力については、学力との関係以上に問題なのが、とにかく低下が著しいということである。平成30年の第一回定例会の予算総括質問において、データを基に質問を行った。

私は何度か地元の小学校に、スポーツテストの手伝い（ソフトボール投げの球拾いなど）に行ったことがある。ソフトボール投げにおいて、右手と右足が一緒に出る子、真下に投げてしまう子など、ボールをきちんと投げられない子が各学年に何人かずついるのを見てきた。

球技に関する能力が低下してきていると感じ、ボール投げについて5年前のデータと比較して調べてみた。すると女子はここ5年で平均値が少し上がっていた。私の推測であるが、もともと女子はそれほどボール遊びをしないが、体格がよくなって、栄養状態がよくなってくれば、右肩上がりで成果が上がっていくではないかと思われる。それに引きかえ、男子はほとんどの学年で投げる距離が短くなっていた。これは、球技をやっている子たちが減ってきたのか、やる機会が減ってきているのかと推測した。

このソフトボール投げの平均値の推移を踏まえ、まず就学前について尋ねた。幼稚園では授業としてボール遊びをやることがあるが、保育園においては基礎的な運動についての取り

3 ハンドボール投げの平均値(m)

(1)男子の状況

校種	学年	平成25年度(m)	平成29年度(m)
小学校	第1学年	7.5	7.5
	第2学年	11.4	10.8
	第3学年	14.9	14.5
	第4学年	18.7	18.3
	第5学年	22.9	21.9
	第6学年	26.7	25.6
中学校	第1学年	17.4	18.0
	第2学年	20.5	20.3
	第3学年	22.8	23.3

(1)女子の状況

校種	学年	平成25年度(m)	平成29年度(m)
小学校	第1学年	5.1	5.1
	第2学年	7.0	7.0
	第3学年	8.8	8.9
	第4学年	10.9	10.7
	第5学年	13.0	12.9
	第6学年	14.6	15.0
中学校	第1学年	10.8	11.3
	第2学年	12.3	12.6
	第3学年	13.0	13.6

組みは行われているのか質問した。

これに対する答弁は、

平成30年　第一回定例会　予算審査特別委員会総括質問

◎答弁　子ども家庭部長

保育園でのボール遊び等の運動ですけれども、(中略) 歩く、走るといった基礎的な体力の向上を図るとともに、乳児期にはつかみやすいビーチボールなどを使いまして、全身を使う遊びの中で投げるですとか、捕るですとか、そういった動きを楽しむようにして、幼児期にはドッジボールやサッカーなどゲーム性やルールを取り入れた遊びを通して、進んで楽しみながら運動を行うように、できるように、保育に当たっているところでございます。

子ども家庭部は、保育園ではボール遊びをしているとのことであるが、教育委員会に属する幼稚園では「授業」として体育活動を行っており、特に私立幼稚園では、はるかにレベルの高い運動に取り組んでいるところもある。この幼稚園と保育園の格差については、役

放課後、下校後の運動時間（分）

（1）男子の状況

校種	学年	平成25年度　男子	
		放課後	下校後
小学校	第1学年	86.2	77.6
	第2学年	90.0	85.9
	第3学年	102.4	108.3
	第4学年	115.4	119.9
	第5学年	102.5	127.4
	第6学年	88.6	114.7
中学校	第1学年	136.6	
	第2学年	133.9	
	第3学年	129.7	

校種	学年	平成29年度　男子	
		放課後	下校後
小学校	第1学年	54.2	56.5
	第2学年	57.2	65.6
	第3学年	77.1	92.4
	第4学年	77.7	104.8
	第5学年	59.1	110.4
	第6学年	50.2	104.8
中学校	第1学年	135.0	
	第2学年	124.8	
	第3学年	113.3	

（1）女子の状況

校種	学年	平成25年度　女子	
		放課後	下校後
小学校	第1学年	78.7	72.9
	第2学年	83.5	79.9
	第3学年	97.0	102.0
	第4学年	96.8	112.4
	第5学年	89.7	114.5
	第6学年	77.6	108.7
中学校	第1学年	124.5	
	第2学年	129.4	
	第3学年	131.6	

校種	学年	平成29年度　女子	
		放課後	下校後
小学校	第1学年	48.7	50.2
	第2学年	51.3	60.3
	第3学年	73.3	83.5
	第4学年	63.9	90.7
	第5学年	46.2	96.1
	第6学年	43.8	97.5
中学校	第1学年	121.1	
	第2学年	111.7	
	第3学年	108.3	

所はタブー視して比較しないし、格差を認めない。機会があればまた論じたい。

話を戻して、放課後・下校後に何分運動しているのかというデータを探してきて、またこれも5年間比較で表にした。すると全学年において、男子も女子も両方、放課後と下校後の運動時間が減っているということが分かった。家庭での運動の取り組みが、大幅に減ってきていたのだ。学校としては、そういった家庭に対する体力増強の依頼や指導は進めているのか質問した。

これに対する答弁は、

◎答弁　地域教育力担当部長

平成29年度の東京都児童・生徒体力・運動能力、生活運動習慣等調査結果によ

りますと、（中略）運動する機会が少なくなっているということがあります。子どもたちの生活時間や生活習慣が変わり、放課後の塾や習い事、携帯ゲームやＳＮＳ等に費やす時間がふえていることから、学校以外で運動する機会が減っているということは想像できるということでございます。今後、こういうことに対して、父兄等に向けていろいろ情報提供し、また運動の機会をふやしていただくように、働きかけたいと思います。

原因を、習い事やゲーム、ネットだとしている。もちろん原因の大きな要素であろう。しかし、ネットに接触する機会が比較的少ない低学年も大幅に運動時間が減っていることなどを考えると、これだけが原因とは言えない。

そこで、時間的な制限ではなく、場所や機会の制限について追及した。つまり、区内の公園では、昔と違って原則ボール使用禁止となっている。こういったことも球技のレベルの低下につながっているのではないかということである。

板橋区ではちょうど、「パークマネジメントガイドライン」の素案が作成されたところだった。その中で公園は今後、全ての公園を一斉にというわけではないが、規制緩和をしてボールも使用できる公園も整備するという方向性が打ち出されていた。なぜかというと、以前に私が議会で指摘をしたことがあったのだが、公園でボール遊びが禁止されているせいで、道路でキャッチボールやサッカーをしている子がいるのである。子どもの安全のために公園ではボール禁止としているのに、余計に危ないところでボールを使用している子どもたちがいるのでは、本末転倒である。ボールを使用できる公園を整備して、そこでボール遊びをさせるべきだと質問した。

今回の規制緩和は全公園が対象ではなく一部の公園から実施するのだが、どのようにボールへの規制緩和を進めるのか、今度は教育委員会ではなく公園を所管する部署に質問した。

これに対する答弁は、

◎答弁　土木部長

現在、公園でのボールの使用につきましては、近隣の方や他の公園利用者からの苦情や要望がございまして、いわゆる迷惑行為というものに当たるということで禁止をさせていただいているところでございます。（中略）開放的な空間がある公園については、ボールが使用できるゾーンの整備を考えていく方針でございます。（中略）ワークショップや説明会などで周知を図りまして、可能であれば整備を進めていきたいと考えているところでございます。

公園使用に関する苦情の多さがうかがえる。整備するにも近隣への配慮と対策が必要となる。開放的な広場が確保できるところをまず選定して、その地域の人たちと協議を行っていく。広場の使用ルールの設定や、設備の整備、ネットの張り替えなど、整備に予算をつけてやっていく。こうした手続きで進めていくという認識でよいか質問した。
これに対する答弁は、

◎答弁　土木部長

ボール遊びのできる広場の設定に当たりましては、地域の理解はもちろんのこと、公園利用者や近隣住民への安全対策や、それから騒音、防犯への対策を考慮しながら進めていくことになります。

また、ネットフェンスを設置する場合には、その配置や構造などにつきましても、十分検討しなければなりません。ボール遊び場の設置には、解決すべき課題が多いものと考えているところでございます。

課題が多いのは理解するが、それでも規制緩和をするのだと、「パークマネジメントガイドライン」の素案でうたっているのであるから、ここからは決意を持って臨むように要望した。

また公園の整備にあたっては、ボール遊びができる「壁」を作るよう要望した。既にキャッチボール公園がいくつかあるが、ほとんどはネットで囲われた空間があるだけなので、改修する時には壁当て用の壁が欲しい。そうすれば1人でサッカー、ボール投げ、テニスなどができる。1人で球技のレベル向上をできるのである。今後、新たに規制緩和される公園で、設備の整備をお願いした。

これに対する答弁は、

◎答弁　土木部長

ボール当てができる壁についてのご質問でございます。

現在、区立公園、遊び場、緑道などで、キャッチボールなどのボール遊びができる広場は15か所あるんですけれども、そのうちの（中略）1か所にボール当てができる壁が設置されております。（中略）騒音問題が全くないわけではございませんで、また隣接地へのボールの飛び出しなどの問題も生じているところでございます。今後の壁の設置につきましては、公園改修などの機会を捉えまして、近隣住民の理解が得られるところでは、壁の設置も検討してまいりたいと考えております。

壁を新設すれば、騒音問題やボールの飛び出し、それに対応する費用がかかるというのならば、学校の校庭にある壁（投擲板）の活用ならばすぐにもできるので質問を続けた。小学校の校庭開放で使えるようにすれば良い。しかし、校庭開放の利用ルールを見ると、危険な遊具の持ち込み禁止、学校にあるものを使用となっていた。バット・かたいボールも禁止となっており、軟式の野球ボールは禁止扱いということだ。道具の持ち込みも禁止となると、テニスラケットもサッカーボールも自分の物は持ち込みできない可能性がある。

公園が規制緩和を目指していく中で、学校の校庭という比較的安全な場所に、すでに使える設備があるのだから、もっと有効活用すべきである。投擲板を使って壁当てやテニスの壁打ちができるような規制緩和を、教育委員会においても実施すべきではないか質問した。

これに対する答弁は、

◎地域教育力担当部長

学校施設開放事業、子どもの遊び場事業では、遊具は基本的に学校で用意してあるものを使用することになります。(中略)学校で用意しているやわらかいボールを使用するなど、道具について制限しております。校庭では、壁打ちはできませんが、テニスやバトミントンの道具、サッカーボールやバスケットボールを用意してございます。野球については、子ども用のカラーバットとカラーボールを用意し、楽しむことができるようにしています。社会状況が変わっていることもございますので、今後、ボールの使用について、また研究していきたいというふうに思います。

既存の施設を使わないのはもったいない。

投擲板

野球の試合などは危ないかもしれないが、子どもの遊び場事業は管理人が付いている事業なので「壁当てだけならOK」と言って指導すれば問題ないはずである。

またテニスの壁打ちならそれほど問題ない。ならばラケットなどは普段から使用しているものを使って練習する方が効果が上がる。スポーツの基本的なことを理解した上で、施策として実施するように求めた。

結果として、令和2年10月から一部の学校（小学校8校）において、軟式野球のキャッチボールとサッカーについて試験的に規制緩和が行われた。時間帯で学年を、「低学年」と「高学年＋中学生」に分けて実施している。もちろんある程度、道具や場所などについても制限を設けて、安全性の確保をした利用ルールが設けられている。

私自身が子どもの頃からのスポーツ経験者で、少年野球の指導などにも携わっていることもあり、子どもたちの運動能力の低下は実際に見ている。運動能力以前に、運動する機会が無いためスポーツに興味が無い、スポーツを見たことが無いからルールも知らない、頭で考えた通りに体を動かせない、こんな子が増えている。一時期行われた過度な規制の影響で、子どもたちの前からスポーツが排除されてきたからだろう。

自治体としてできることの一番は、環境の整備である。先ほど来、述べている通り、学校教育の中で保護者や児童生徒の意識を変えるのはなかなか難しく、啓発程度にとどまってしまう。であるから、公園や校庭の整備によって自主的に運動できる環境を作ってあげることが、自治体から体力増強施策としてできる一番手っ取り早い方法だ。

しかし、公園の部署は教育委員会ではない。おそらく教育委員会は、公園が今後規制緩和に進んでいくということを知らなかったはずだ。教育に公園を活用しようという発想が無い。また公園を所管する部署は庁内でも一番クレーム処理が多い部署である。騒音、ゴミ、落ち葉、雑草、野良猫、トイレ、遊具など年間に1000件程度のクレームが入るという。それならば、子どもたちの遊び場として学校の校庭をもっと活用できるようにすれば、クレームが減るのではないかと思うが、公園の部署にその発想は無かった。

結局、連携がとれておらず、子どもたちの体力増強施策と公園整備が連動できていなかった。そこをつないであげるのが議員の仕事ではないかと思う。公園の部署も教育委員会もお互いにお願いしにくい状況ならば、こういった質問を通じて連携体制を築けると良い。

子どもたちの体力・運動能力の向上について、教育委員会ではもっと原因を分析をしなければならないし、対策については教育委員会だけでなく全庁を挙げた取り組みへと拡大できるような体制作りが望まれる。

第七章　追及型の質問をした例（議事録）

最後に、私が平成31年2月に行った、予算委員会での質問を紹介する。

以下のように2つの問題があり、質問時間内で追及を行った。ここではできるだけ原文のまま紹介し、議会でどんなやり取りが行われているのか、臨場感を感じていただきたい。

学級崩壊への対応の遅れ

平成30年に、地元の小学校において複数のクラスで学級崩壊が発生していた。私自身も教室に足を運び、状況を見ていたので、何度も教育委員会指導室に対して支援を要請していた。教育長に会う機会があれば、その都度状況を報告して、早急な対応をお願いしていた。

しかし教育委員会はほとんど何も対応をしていなかった。おそらく校長が教育委員会への報告をしていなかったのだろう。児童による教員への暴力も、担任が学校に来られなくなってしまったことも、教育委員会への第一報は全て私からであったのだから。

そもそも学級崩壊というものの定義を持っていないというのが大問題だ。結果、校長の判断のみで教育委員会が支援に動くかどうかが決まるという、この体制がおかしいのだが、少なくとも保護者や議員から通報があったのだから教育委員会はきちんと調査して対応すべきであっただろう。教育委員会は校長に丸投げ、校長は保身で報告しない。そんな、とんでもない状況であったため議会で追及を行った。

学校給食の食材納入のルール無視

後段の部分は、学校給食の食材納入についてである。

板橋区の方針としては、

・生鮮品（肉、魚、野菜など）については区内の事業者から購入する。

・調味料や乾物などは、地域の限定は無く、入札によって決められた額であれば区内外を問わず納入できる「共同購入制度」という独自のルールで運営する。

となっている。

この共同購入制度に加盟している区外の業者が、一部の学校栄養士と結託して、生鮮品の納入をしているということが、区内の生鮮品業者からの通報で発覚した。教育委員会学務課から指導をしても、区外業者も栄養士も聞く耳を持たず、バレないように発注と納品を繰り返す状況。残念ながら癒着の証拠までは掴めなかったので断定的なことは言えないが、学務課から指導を受けても取引をやめないということは、癒着を疑われてもおかしくない。

区内の生鮮品業者の事業を圧迫するだけでなく、区長・教育長の方針を無視するというモラルハザードを放置しては行政のマネジメントは崩壊し、いずれは事故につながるということで追及を行った。

平成31年　第一回定例会　補正予算に対する総括質問

◆佐藤としのぶ

よろしくお願いします。（拍手）

学校の課題について、学級崩壊への対応ということで質問しますけれども、私も16年議員をやってきましたけども、一番怒っています。教育委員会にはお話ししてありますので、心していただきたいと思いますけれども。これまで、ある小学校の学級崩壊について、保護者から情報を受けて、私自身も学校に行って、教育委員会に情報提供してきました。改善も要望してきました。決算の総括質問でも取り上げたので、覚えている方もいらっしゃると思います。

これは、大体6月ぐらいから実は具体的な経緯を教育委員会に対してお伝えをしてきたんです。2学期になって、10月の初めぐらいに、暴力的な児童が先生を殴ってしまうという暴力事件がありまして、そういったこともお伝えをして、いよいよまずいよと、きちんと本腰入れて対処してくれということもお話をしていました。10月の下旬には決算の総括質問でこの点を取り上げて、そのときの答弁では、「学校緊急対応チームSTARTを設置し、学校や教員への支援を行っているところでございます。STARTでは専門的知識を有する非常勤職員等が連携し、組織的に解決に当たっております」ということをおっしゃっていた。

にもかかわらず、指導主事さんがその状況を把握したのが11月の下旬です。私が情報を入れてから5か月も6か月もたってから、ようやく当該校では、5年生、4年生、3年生、各学年に荒れた学級があるということを認識された。6月から情報提供をしているのに、どこが緊急対応ＳＴＡＲＴなんですか。全然遅いじゃないですか。

結局12月になって、そのうちの先生の一人は精神的にまいってしまって、休みに入ってしまいました。ここからようやく学校への対応が始まったということで。さらに、3学期、1月からは、別の先生もお休みに入ってしまっています。余りにも対応が遅過ぎるということで、この初動が遅かったせいで、事態がどんどん悪化していったというのが実態です。

今月には、その先生を殴った子とはまた別の児童が、ほかの児童の背中に鉛筆を刺してしまうということも起きて、被害者の保護者は警察に通報しちゃいましたよ。何でこんなに対応が遅れているのか。とんでもない、いい加減な対応をしていると思いますけれども、どうしてこのような対応になっているんでしょうか。

◎教育委員会事務局次長

教育委員会では、定期的に学校を訪問するなどして、各学校の状況把握に努めているところでございます。ご指摘のあった学校につきましても、4月から指導主事が訪問して、管理職と情報を共有しながら、状況把握に努めてきたものの、緊急性の高い他学級への対応を優先したため、ＳＴＡＲＴ制度が始動し、調査を開始したのが11月となってしまったということでございます。

◆佐藤としのぶ

ほかのところが優先順位が高いと。ここについてはまだ大丈夫だと思われたということなんですけれども、時間がないから余り言いたくなかったですけれども、その荒れている子の、あるスポーツをやっている子なので、そこのスポーツ団体の代表の方にちょっと実態を見に来てくださいと言ったら、来てくれましたよ。1時間授業を見ただけで、これはやばいなと。このクラスどうなっているのと。すぐわかりましたよ。何でプロのあなたたちが学校に行ってそれがわからないんですか。優先順位が低いんですか。全然意味がわかりませんよ。

私は教育長にも、7月の頭ぐらいだったと思いますけれども、この状況を報告しています。対処しますということをおっしゃっていただきました。その後、周年行事とかでも会えば、あの学校はどうですかというふうに聞いていただいているので、私も、今ちょっとまだこういう状況でまずいんですよということをお伝えしていました。当然、教育長から所管課に対して対応するように指示があったと思うんですけれども、指示はありましたでしょうか。

◎教育委員会事務局次長

区立学校園の状況につきましては、常に関係部署から教育長に報告するとともに、教育長からの指示も受けており、ご指摘のあった学校についても同様でございます。

教育委員会では、週1回関係部署が集まり、区立学校園の問題等について情報共有するとともに、各学校への対応について協議をしているところでございます。

◆佐藤としのぶ

　ということは、保護者や議員から情報提供があって、支援要請があって、かつ教育長からも指示があったわけですよね。にもかかわらず対処しなかったということは、これはもう職務怠慢じゃないですか。

　教育委員会に聞いてもあれなので、人事をつかさどる総務のほうにお伺いしたいんですけれども、地方公務員法の第29条1の2に、職務怠慢についてのことが書いてあります。職務上の義務に違反し、または職務を怠った場合、これは懲戒処分として処分することができるとなっていますけれども、これまでの教育委員会の対応を見て、総務としてはどういうふうにお考えになりますか。どんな調査が今後必要だと思いますか。

◎総務部長

　ご紹介いただいてございますように、地方公務員法には、第32条、法令または職務上の命令に従う義務、第35条には、職員は全力を挙げて職務に専念しなければならないという公務員の根本基準が規定をされてございます。教員の服務規律の保持、監督権限は教育委員会に属するわけでございまして、地方公務員法第29条の職務怠慢が適用されるかについては、要請等に対処しなかった対応、あるいはもたらされた結果等を総合的に考慮した上で、教育委員会のほうで判断されるものと考えてございます。ただし、本件に関しましては、必要に応じて状況を把握するなど、総務としても注視をしてまいりたいと考えております。

◆佐藤としのぶ
教育委員会に対処するけれども、都教委にもぜひ通報していただいて、こんなことをやっていますよと言ってやってください。

ついでにと言ったら申しわけないですけど、監査にもお伺いしたいと思いますが、予算の執行を確認するというのが主な仕事だというのは十分承知しているんですけれども、予算をかけてやっている事業が今回のように機能していないということであれば、事業のあり方をやっぱり監査監督する必要があるんじゃないかということでちょっとお伺いしたいと思います。特に、これは人件費でやっているものですから、人件費って予算執行されるのが当たり前じゃないですか。だったら、その中身が本当に予算見合いのことがされているのかどうかということを定期監査できちんと監督していただきたいと思うんですけれども、そのあたりについての見解をお願いします。
◎監査委員事務局長
定期監査での内容でございます。

一般的に定期監査では、区の事業が効率的、効果的に行われているかを中心に、毎年度監査計画を定めて定期的に監査をしているところでございます。定期監査では、歳入歳出予算の執行が適正に行われているか、経費は予算の目的に従い、経済的、効率的、効果的に執行されているか、施設及び備品の管理は適正に行われているかといった3つの観点で監査させていただいております。

今後もこれらの観点をもとに、しっかりと監査していきたいということでございます。

◆佐藤としのぶ

ちょっと余談になりますけれども、横浜で150万ぐらいカツアゲされたといういじめの案件があって、これは監査じゃなくて第三者委員会ですけれども、そこの報告では、「学校の対応、教育委員会の対応、ともに大いに反省を促したい」ということで、さらに1ついいことが書いてあって、「持っている機能を活用しないことは究極の無駄遣いだ」ということも指摘をされています。仕事しない事業なら、もうやめちゃえばいいんですよ。はっきり言えば。予算が無駄ですよ。民間のコンサル会社にでも委託すればいいじゃないですか。きちんとそういうところまで含めて、監査でこの事業、ちゃんと営まれているのか確認していただきたいと思います。

教育委員会に戻りますけれども、先ほどの当該校は、複数の学級で荒れている状態が確認されたと。その後の対応について、きちんと行われているのか、改善はされているのかを伺います。

◎教育委員会事務局次長

11月以降につきましては、さらに訪問日数をふやしまして、指導主事と学校経営アドバイザーを派遣し、管理職や担任とともに学級に入り、学習環境の改善に努めてきております。

学校では、保護者や地域の方への協力も呼びかけ、学級に入っていただくことで、児童が集中して学習に取り組める環境づくりを進めております。一層の改善を図るために、教育委員会では今後も訪問を続けるとともに、学校では教育委員会や子ども家庭支援センター、警察、スクールカウンセラーを加えた校内委員会で対策を協議し、組織的な対応を行っているところでございます。

◆佐藤としのぶ

いろいろ支援をやっているということでありますけれども、正直言って、教員が休職に入っている方もいれば、やめてしまった方もいて、校長や副校長が担任に入っているんですよ、今。全然マンパワーが足りていないですよ。初動が遅いせいで、だんだんと火が大きくなっているんですよ。

教員の負担についても、ちょっとここで視点を変えてやっていきたいと思いますけれども、30年度、今年度ですね、メンタル疾患による休職者、退職者の状況ということで、これは2学期が終わったところまでですけれども、今年度、小学校21人、中学校3名出ています。退職者については小学校で1名出ている状況で、当該校では3学期から休職された方もいますので、もっと数はふえます。たしか、29年度、30人ぐらいメンタルヘルスでお休みされているると思います。

この下のほう（表を提示）は、児童・生徒から教員に対する暴力ということで、これも前回質問をしたんですけれども、最新のデータは、出してほしいと言ったら、ないというので、これは去年、29年度のですけれども、小学校で23件、中学校で8件、31件、教員に対する暴力が起きているということであります。

こういったことが教員が不足している原因になっているというふうに思うんですね。学級崩壊で支援がされない。暴力を受けてもきちんと対処してくれない、教育委員会が。というのが教員が不足する理由になっているんじゃないかと思います。

前回の総括質問の質疑では、学級崩壊について、「学級崩壊につきましては、定義がないため、発生状況を数値等で捉えておりません」という答弁がありましたけれども、結局、校長先生も学校の中で解決できればしちゃおうということで報告されないということが多いんじゃないかなと。きちんと校長先生から教育委員会に支援要請が行って、助けを求めていれば、もっと早い対処になったのかもしれませんし、これは、ある意味では、教育委員会の風通しの悪さというのが問題になっているのかもしれません。

こういった学級崩壊ですとか、教員への暴力に対して、学校からきちんと教育委員会へ報告義務をつくって、情報をこっちで把握ができるような体制をとらないと、結局学校の中で全部解決しましょうとやっているうちにどんどん手おくれになってしまうというふうに思うんですけれども、早期発見のために、そういったシステムをつくっていただきたいと思います。いかがでしょうか。

◎教育委員会事務局次長

学校で起きた問題を早期に対応するために、校長から教育委員会への迅速な報告が重要であります。学校では問題が起きた際に、担任が管理職に報告、連絡、相談を速やかに行うとともに、学級の荒れや対教師暴力などについては、管理職は教育委員会に必ず報告することになっており、今後も徹底をしてまいります。

◆佐藤としのぶ

ぜひ、学校内で処理しようとさせずに、教育委員会がきちんと学校に行って、こういう情報が入ったら早急に対応するようなシステムにしていただかないと、第二、第三のこういった学校が出てくると思いますので、十分に対応をとっていただきたいと思います。

私さっきちょっと言いましたけども、教員が不足する原因の一つに、現場の声が拾えていないということなんだと思うんですね。指導室の教育支援センターも教員免許を持っている方がいっぱいいらっしゃいますよね。それなのに、窮地に立っている先生や保護者や子どもたちの現場の声が拾えていないというのが今の現状じゃないかと。結局、現場の担任の先生が困っていても、見捨てられている。そういった状況じゃ、これはもう、補充の教員がなかなかありません、ナンセンスですよね。原因をつくっているのはこっちじゃないですか。教育委員会が支援しないから、板橋で教員をやりたい人なんかいないんですよ。

その辺について、ちゃんと人材不足やブラックな環境、こういったものを改善していただ

平成30年度　教員のメンタル疾患による休職者・退職者
※平成30年12月31日現在の累計
（質問をするために調査をかけたので、年度途中のもの）

休職者

小学校	中学校
21	3

退職者

小学校	中学校
1	0

平成29年度　児童・生徒から教員への暴力の状況

区分	発生件数【件】	加害児童生徒数【人】	被害教師数【人】	発生学校数【校】
小学校	23 ＜+10＞	16 ＜+9＞	12 ＜-2＞	4 ＜-1＞
中学校	8 ＜+1＞	6 ＜0＞	9 ＜+3＞	4 ＜0＞
計	31	22	21	8

＜＞内は前年度比

きたいということで、質問させていただきますが、毎年こうやって20人、30人も教員がメンタルヘルスでお休みしてしまう、やめてしまう、こういったことに対して反省はないんでしょうか。教員や現場を助けてあげる、これが教育委員会の仕事だと思うんですけれども、きちんとこういったメンタルヘルス等に対する対応をしていただきたいと思います。

◎教育委員会事務局次長

毎年複数の教職員が病気休暇や病気休職を取得している状況につきましては、大きな課題として捉えております。教育委員会では、精神的に悩んでいる教職員を見逃さないよう、ストレスチェックを年1回行うとともに、教職員が回答した集計結果について校長に伝えております。

今後、教職員が管理職に相談しにくい場合もあることを踏まえて、教職員が区の相談窓口や都のメンタルヘルス相談事業等を活用し、早い段階で心の病に気づくことができるよう周知徹底を図ってまいります。

◆佐藤としのぶ

今次長がおっしゃったように、校長、副校長に相談できないということが往々にしてあると思います。そもそもメンタルヘルスになってしまったことは、校長や副校長のフォローが足りない、そういう支援が不足しているからなってしまうということなんでしょうから。そういった教員が復職するに当たって、それも今学校にお任せみたいになっているじゃないですか。校長、副校長と支援関係がうまくいっていないのに、学校に戻して、そこで校長先生に、この教員もう一回面倒見てくださいといったって、できるわけないじゃないですか。教育委員会が本当は復職に当たっては、きちんと本人と面接をして、状況や意見を校長先生がいないところでちゃんと本音を聞けるような体制をとって復職を支援する。今回のことで言えば、支援がおくれて申しわけなかったと教育委員会が詫びるぐらいの気持ちで復職に対して支援をしていただかないといけないと思いますけれども、復職に対する支援はどのようにやっていきますでしょうか。

◎教育委員会事務局次長

学校では、管理職が休みに入ってしまった教職員と定期的に連絡をとり、本人の心身の健康状態を把握しております。教育委員会では、管理職に対し、職場復帰訓練や勤務軽減など、活用できる制度の案内のほか、復帰に向けたスケジュールや校内体制についてのアドレスの支援を行っております。

なお、当該職員が管理職以外への対応を求めている場合には、必要に応じて教育委員会が対応してまいります。

◆佐藤としのぶ

求めている場合はじゃなくて、全員やったほうがいいですよ。校長先生すっ飛ばして教育委員会に相談しに行きますって言えないですよ。最初からこっちが一回ちょっと話を聞かせてと呼んで、ちゃんとヒアリングして。そうすれば、もしかしたら校長や副校長に何か問題があるのかもしれない、そういったことも発覚するわけですけれども、そこで学校に戻して、あと校長、お願い。それじゃ、復職もできませんよ。きちんと人材を大切にしていただきたいと思います。

こういった教員への暴力とか、子どもたちからの嫌がらせとか、モラルハラスメントみたいのが今すごく多いです。精神的な疾患になった場合、普通はこれは労災になるんじゃないかと思うんですけれども、そういった労災の申請というのは行われているんでしょうか。教育部門だけでは、職場の改善が進まないということであれば、本来労基署ですとか、社労士だとか、そういった外部機関が職場の改善指導をする、そういったことも検討しなきゃいけないと思うんですけれども、いかがでしょうか。

◎教育委員会事務局次長

公務災害の認定につきましては、地方公務員災害補償基金の基準により判断され、精神疾患の場合は、対象疾病発生前、おおむね6か月の間に、事業により強度の精神的、または肉体的負荷を受けたと認められることが要件の一つとされております。また、公務災害に該当する事象の一つとして、職場でひどい嫌がらせ、いじめ、または暴行を執拗に受けたと認められる場合が示されております。教員の労働災害の申請事務につきましては、教育委員会を経由しないで、学校が直接東京都の担当部署と行っており、申請件数を把握できない状況になっております。

なお、同基金の資料によれば、東京都における義務教育学校職員の平成29年度中に精神疾患により公務災害が認定された者はいない状況でございました。

それから、区立学校における労働基準法及び労働安全衛生法に基づく職権の行使は、労働基準監督機関として、特別区人事委員会が担っております。教育委員会では、職場改善に向けて各学校に衛生推進者を設置し、職員の健康被害の防止と快適な職場環境づくりを推進しております。

また、学校では、教職員が精神的な疾患に陥らないようにするために、管理職がスクールカウンセラーから助言を受けたり、教職員が身近な職員に相談しやすい環境を整えているところでございます。今後も教職員の悩みを相談しやすくする体制づくりや教員同士で気軽に相談できるような風通しのいい職場づくりに努めてまいります。

◆佐藤としのぶ

結局、メンタルだと労災認定されないんですよね。本当にひどい環境だと思いますよ。民間企業であれば、年間30人からの人がメンタルヘルスで休職するなんていったら、ブラック企業認定ですよ、当然。すぐ労基署が入って業務改善命令ですよ。我々議会からの一般質問でも、教員の職場の改善、何度も出ているじゃないですか。これはもう教育委員会じゃ改善できませんから、また人事をつかさどる総務のほうに、こういった職場環境がブラックそのものになっている状況について、人事部門としてきちんと指導するなり、助言をするなり介入していただきたいと思いますけど、いかがでしょうか。

◎総務部長

精神疾患等により、長期休職になる職員が多いということは、区長部局も学校職場においても共通の問題であるというふうに認識をしているところでございます。労働安全衛生法に基づくストレスチェックを平成28年度から実施しておりまして、制度導入に際しましては、教育委員会と密接な検討を行い、検査内容、あるいは高ストレス判定者への対応等の構築を行ったところでございます。

教育の職場環境の改善指導に関しましては、教育委員会の権限に属するということで、指導ということにはまいりませんけれども、今後も可能な部分につきましては、教育委員会と連携をとりながら、教育職員を含む全ての職員が健康で最大限の能力を発揮できるよう、職場環境の整備にともに取り組んでまいりたいと思います。

◆佐藤としのぶ

こんな調子じゃ、板橋区で教員になりたいという人はいませんよ。さっきも言いましたけど。港区では、1、2年生には各学級に副担任がつくと。3年生から6年生は学年に副担任がつく。これだけ手厚くやっていれば、やっぱり港区へ行って仕事したくなりますよね。普通に考えれば。今度、コミュニティ・スクールに板橋はしていこうというわけなんですが、ここでちゃんと教員をサポートできる体制をつくってもらわないと困ります。

今、荒れたクラスには、保護者が毎日、LINEでグループをつくって、私、この時間行きます、この時間行きます、と見に来ていますよ。そういう保護者だとか、地域のおじちゃん、おばちゃんを安い労働力みたいに使うんじゃなくて、きちんと面接をやって研修を受けた有償ボランティアが教員のサポートできるような、そういった教室の体制をつくっていただきたいと思いますけれども、今後についてどんなふうな考えがありますか。

◎教育委員会事務局次長

港区が平成16年度から実施している区費による教職員の採用については認識をしていると

ころでございます。板橋区では、教員免許を取得している学習指導講師の配置のほかに、板橋区と協定を結んでいる大学の協力を得て、学生などの有償ボランティアを学校の要望に応じて配置をし、学力向上及び校内体制の充実に努めております。

また、コミュニティ・スクールの実施に向けて、学校支援、地域要望の充実は大変重要であり、質の高い学校教育の実現を図るために、地域人材の活用をさらに推進してまいりたいというふうに考えております。

◆佐藤としのぶ

ぜひクラスの見守り、それから教員のサポート、これができるように新しい体制づくりをお願いしたいと思います。

この項の最後に、今までの教育委員会の対応を見ていると、要は問題のある子が卒業するまで黙って見過ごして、現場の教員や子どもたちと保護者が我慢しておけば、まあ何とかなると、こんな対応だったんじゃないかと思いますけれども、これじゃ自治体としての義務を果たしていると言えないと思います。教育の板橋と言っているんであれば、ちゃんとそれなりの体制を整えて対処してもらわないと困りますし、本当に猛省を促したいと思いますので、最後に答弁をお願いします。

◎教育委員会事務局次長

学校で起きた問題等を解決するために、教育委員会と学校が緊密な連携のもと、迅速かつ的確な初期対応に努めることが重要だと認識をしております。本件の反省を踏まえて、今後は教職員の働き方改革の視点も取り入れ、教職員の心身の健康保持の実現と、誇りとやりがいを持ちながら教育活動に従事できるよう支援をしてまいりたいというふうに思っております。

◆佐藤としのぶ
教員の支援だけじゃなくて、クラスの支援もお願いしますよ。そっちのほうが大事なんだから。

次の、給食食材の納入について、これもいろいろ問題があります。生鮮食品については、特別な場合を除いて、区内の八百屋さん、肉屋さん、魚屋さんから仕入れると。区内業者の育成、それから安心できる食材の調達という政策判断でやっているはずです。

一方、調味料ですとか、乾物、これは共同購入として、入札をして、区内だけじゃなくて近隣の卸売業者からも調達しています。これがルールだと理解していますけれども。

しかし、ここ数年、共同購入の卸売業者、区外の業者が生鮮品まで納品しているという事例が相次いでいるということであります。区内の共同購入の業者さんが生鮮品の契約を別途学校と結んでやる分には、それは別に問題ないはずですよね。ですが、区外の共同購入の業者さんが生鮮品まで手を出すというのは、これはルール違反じゃないかと思うんですけれども、こういった実態については把握できていますか。

◎教育委員会事務局次長

生鮮食品につきましては、各学校が区内の八百屋、肉屋、魚屋などと契約し、その事業者で生鮮食品が仕入れられないなどの特別な場合を除いては区内事業者から仕入れることを基本としております。生鮮食品を区内事業者以外から購入したという事例につきましては、昨年区内事業者の方から伺い、幾つかの事例を把握いたしました。該当校がわかった場合には、学務課で学校栄養士を直接指導し、改善をしておるところでございます。

また、生鮮食品の購入ルールにつきましては、昨年、全学校栄養士が参加する会議や研修等で周知徹底をしたところでございます。さらに、今年に入ってからも、小・中学校の正規栄養士及び非常勤栄養士のそれぞれの会議があり、その４つの会議全てで再度周知徹底をしたところでございます。

◆佐藤としのぶ

この写真は、10月25日と書いてありますけれども、区立のある中学校に、株式会社東京何がしというところから種なし柿が入っていると。この会社は、聞くところによると大田区の会社らしいです。大田区の会社は持ってこれませんから、区外の共同購入会社と関係があって、そこに卸して、その共同購入会社が中学校に納めているという例です。

ほかにもいっぱいあります。これは、サツマイモですけれども、茨城県の業者が北区にある共同購入業者に宅急便で送って、それをその共同購入業者が納めていた例だそうです。これも、紀南何とかと書いてありますから、多分和歌山とか、あっちのほうのところから取り寄せたものを共同購入業者が納品していると。これも大田区のほうですね。こちらは何とか青果。これは、私が見た感じでは、他県のところからミカンを送っている。これはもう枚挙にいとまがありません。

こういった形で、生鮮業の地域の業者さん、困っています。みんな、これ、市場じゃないところから仕入れているわけじゃないですか。この紀南何とかとかですね。どこかほかの県から仕入れたりしているわけですから。

また、別件では、さらに悪質なのが、生鮮食品の業者さんが納品に行ったところ、共同購入業者がダブルブッキングしちゃっていて、そっちの共同購入が先に来たから、おたくのは要りませんといって、地元の八百屋さんの商品を突っ返したんですよ。そんなことが現場で起きているということですけれども、これらについてどのように対応していくか。ちなみに昨日もあったと連絡が来ていますからね。

◎教育委員会事務局次長

ダブルブッキングしたことを当日把握し、区内の生鮮食品事業者には大変なご迷惑をおかけしたことを学務課と学校栄養士でおわびをさせていただいたところでございます。食材につきましては、お手数をおかけすることになりましたけれども、再度納品をしていただき、学校給食で使用いたしました。

昨年から生鮮食品の購入ルールについて周知徹底を図ってきたところでありますけれども、これまでの経緯を踏まえて、3月に生鮮食品の購入業者の全校調査を実施し、教育委員会として、しっかりと確認させていただきたいというふうに考えております。

◆佐藤としのぶ

これは2つ原因があって、1つは共同購入業者のほうの問題、もう1つは栄養士の問題です。まず、共同購入業者については、本当は入札で商品を決めているわけですから納品できる品目は決まっているはずなんです。そういう限定のもと、区外業者を入れているはずなのに、決められた品以外を納品している。これはおかしいじゃないですか。営業活動として栄養士さんに接触して、ぜひうち、こういうのも扱っていますからってやっているということですよね。これはやっぱり制限しないとまずいですし、こういったルール違反している業者は、指名停止なりなんなり、罰則適用しなかったら、みんな同じことをやりますよ。

そういった点に関して、このままだと、この共同購入業者さんと栄養士さん、ずぶずぶの関係になりますよ。業者さんに対してどのように指導していきますか。

◎教育委員会事務局次長

共同購入物資に関しましては、共同購入事業者から購入するため、栄養士との接触を制限することは難しいですけれども、区の生鮮食品の購入ルールを共同購入事業者に伝え、理解していただくよう働きかけております。

また、生鮮食品を発注する学校栄養士が生鮮食品の購入ルールを守ることが重要であるため、引き続き機会を捉えて周知徹底を行うとともに、先ほどの購入実績調査により、教育委員会として実績を確認してまいります。

◆佐藤としのぶ

まず、業者に対してもこういうルールはちゃんと徹底して指導をしてほしいと思います。今、おっしゃったように栄養士のほうが問題だということだと思いますけども、これまでも再三、課長さんはじめ、管理職から注意しているにもかかわらず、それでもまだ区外の共同購入業者に生鮮品を頼んでいる。こういうことを好き勝手やられてしまったら、今までもいろんな出先機関で不祥事が起きたりしていたじゃないですか。それの二の舞になっちゃいますよ。これも区長の政策判断で、区内業者で生鮮品を買うとやっているんですから、区長の政策判断だったり、教育長の政策判断を無視しているというわけですから、さっきのと一緒じゃないですか。職務上の義務に違反しているじゃないですか。

こういったことが今後また癒着や何だと出てくる可能性がある。事故につながるわけですよ。きちんとこういったところについて栄養士に指示、指導をしていただきたいと思いますけれども、教育委員会でできなかったら、人事のほうでやっていただきたいと思いますし、いずれかでお答えいただければと思います。

◎総務部長

学校栄養士さんの関係につきましては、これから教育委員会のほうで全校調査を実施するというふうに聞いてございます。そこの状況を含めまして、所管課である学務課に事情を確認していきたいと考えてございます。所管課が行っております周知徹底に関する対応、あるいは契約購入に関しては、コンプライアンスの視点も欠かせないために、教育委員会の対応を注視してまいりたいと考えております。

◆佐藤としのぶ

これは質問しませんけど、契約部門から、契約というのは本来こうあるべきだということを教育委員会にちゃんと教えてあげてください。こんなずぶずぶなやり方をやっていたら絶対事故になりますよ。これまでも教育委員会では工事や修繕で横領事件もあったり、学校の私費会計を横領する事件もあったわけですよ。そういう事故が起きる前にきちんと対処してほしいと思います。

前の項の学級崩壊の対応とあわせて、やっぱり今、教育委員会、たるんでいますよ。たるんでいる。現場までマネジメントが届いていませんよ。問題もずっと放置する。これじゃ、ろくな教育にならないじゃないですか。教育の板橋っていうんであれば、ちゃんと区長、教育長の指示がきちんと行き届いて、それに従ってきちんと事業を遂行する。これがまともな組織じゃないですか。今後のマネジメントについて、どのように改善していくか、お答えを最後にいただきたいと思います。

◎教育委員会事務局次長

リスク管理の考え方から、組織にかかわる重大な課題は、学校等と教育委員会事務局が直ちに共有し、解決を図るよう努めておりますが、教育委員会事務局における対応によって不信感を持たれたことは、まことに残念であると考えております。

学校等を含む教育委員会事務局において、財務会計や業務の適正化、法令遵守等を図るための情報共有、リスク管理、服務の厳正など、改めて内部統制に取り組んでまいります。あわせて、教育委員会事務局の各課には、学校現場の危機に際しては課題を共有し、ともに解決に当たっていくという、寄り添い支援する姿勢を示すよう指導徹底し、課題の早期発見、早期解決に努めてまいります。

今後もリスク管理を徹底するとともに、教育委員会事務局職員の仕事に向かう意識がより共有され、その能力が最大限発揮されるよう、適切な組織マネジメントに努めてまいります。

◆佐藤としのぶ

最後に1分余ったので、さっき飛ばしたところを1つだけお話しして終わりたいと思います。

学級崩壊のところで、荒れているクラスが3学年あって、そのうちの4年生が2分の1成人式というのがあったので、私、行ってきましたけども、そこで、各学年で、例えば1年生で縄跳びができるようになった、2年生で泳げるようになった、そういうのを発表して、将来の夢とかを発表する場面があったんですけれども、ある子が4年生でできるようになったこと、「鈍感力が身についた」と言うんですよ。鈍感力。今までは気になったことを注意していたけども、注意するとたたかれるし、いじめられるし、だから多少のことは気にしない。見て見ぬふりをする。そういう力が育ったと言うんですよ。何て悲しいことを言わせるんですか。感受性を育てるべきこの多感な時期に、こんなことを言わせちゃう板橋の教育、本当に大丈夫なんですか。ちゃんと教育長の陣頭指揮のもと、きちんとマネジメントが行き届いて、子どもたちが適切な教育が受けられる環境をちゃんと改善してつくっていただきたいということを最後に強くお願いをして終わらせていただきます。ありがとうございました。

どちらの案件も、事前に水面下では所管課に改善を求めていた。しかしきちんとした対処がなされてこなかった。こうなってしまっては要望というよりは事故につながる可能性がある案件であると捉え、行政を説得するというよりも、厳しく追及する形で改善を求めることにした。追及型の質問は地方議会では比較的少ない。議事録で緊張感が伝わってくれればと思う。

個人的に工夫したのは、所管の部署に追及するだけでなく、人事部門や監査部門に対しても問題提起し、所管部署に対してプレッシャーをかけてみた。これも地方議会では珍しいと思う。

議会での質問は、案件や状況に応じて硬軟使い分けることで、最終的に政策の実現につなげることが必要ではないかと考えている。こうした厳しい追及型や、データと理論で迫る方法もあれば、行政に寄り添ってできるところから徐々にやろうというやり方など、議員や課題によって取り上げ方を変えることで効果が上がる場合もある。

特に教育委員会関連の政策については、行政に専門家がいたり、首長の部局から独立してブラックボックスになっている部分があったり、古くからの慣習があったり、一筋縄ではいかない。こうした状況をきちんと把握して、適切な方法で政策実現につなげられることが、議員には求められている。

あとがき

16年間、議員として務めていると、その間に発言した数は膨大になる。本書で取り上げた話題は、

私が取り組んだ課題　↓　議会で取り上げたもの　↓　本会議か予算決算の委員会　↓　教育関連　↓　成果や結果が分かりやすいものか、思い入れのあるもの　↓　書籍に適した分量に調整

と、かなり絞り込んだものだ。まさに議員活動の極々一部でしかない。

「議員なんて誰がやっても一緒」「地方議員なんて名誉職で仕事なんかしていない」ということは昔から言われているが、最近は案外そうでもない。それぞれ問題意識を持つ視点も違うし、解決しようとする方法も違う。

年齢や性別でくるのも違う。高齢でも鋭い視点を持っておられる方もいるし柔軟な対応で解決される方もおられる。逆に若くても見当はずれな方もいる。しかし総じて言えるのは、地方議員の質は上がってきていると思う。

政党や会派というくくりがあり、これである程度、方向性の違いが分かり、議案に対する態度などは決まってくる。しかし同じ政党や会派の中でも、それぞれの議員が個性を持って活動している。こうした違いは、議会での質問を聞くことが一番判断できる場ではないかと

感じる。質問だけが議員の仕事ではないのだが、やはり質問こそが議員の仕事の本旨であり、最大の見せ場である。質問で手を抜くようになったら、議員はやめた方がいいし、やめさせた方がいい。

普通に生活していれば、議会を傍聴することも、議事録を読む機会もほとんど無いだろう。議会を見るにしても議事録を読むにしても情報量が膨大すぎて、どこから手を付けていいか分からない。そこで、本書に触れて、地方議員がいかにして課題を抽出し、解決に向けて努めているかという一端を感じ取っていただければ幸いである。

そしていずれは、各議員がどんな質問をして、どうやって課題に向き合っているか興味を持っていただければと思う。地方議員は身近な存在。遠慮なくいろいろな議員と話をして、課題を投げかけて、質問を見聞きし、そして生活に役立てていただきたい。

佐藤利信（さとう　としのぶ）

昭和 51 年、埼玉県和光市生まれ。1 歳から東京都板橋区で育つ。

立教大学経済学部経営学科卒業。

会社員、政治家秘書を経て、平成 15 年、26 歳で板橋区議会議員初当選。以降、4 期連続当選。

板橋区議会では、監査委員、会派幹事長、文教児童委員長、都市建設委員長などを歴任。平成 17 年、歴代最年少（28 歳）で代表質問を実施。平成 21 年、歴代最年少（33 歳）で監査委員に選出。行政改革、教育・子育て、都市開発、介護などの問題を中心に取り組む。

地方議会からの政策実現
教育分野

令和三年五月三十日　第一刷発行

著　者　佐藤　利信
発行人　荒岩　宏奨
発　行　展　転　社

〒101-0051 東京都千代田区神田神保町 2-46-402
TEL　〇三（五三一四）九四七〇
FAX　〇三（五三一四）九四八〇
振替〇〇一四〇―六―七九九九二
印刷製本　丸井工文社

ISBN978-4-88656-522-8